DANS LA TÊTE DE ZIDANE

Corrections : Catherine Garnier
Conception graphique : Farida Jeannet

© Nouveau Monde éditions, 2022
44, quai Henri-IV – 75004 Paris
ISBN : 978-2-38094-304-7
Dépôt légal : mai 2022
N° d'impression : 170100

Sabine Callegari

DANS LA TÊTE DE ZIDANE

nouveau monde
ÉDITIONS

*À mes parents, Raymonde et Claude,
avec amour et gratitude.*

Introduction

Zinedine Zidane, l'homme que, tendrement, nous appelons «Zizou», est devenu un mythe, l'un des rares mythes français vivants. *Mythe* signifie «récit», en grec ancien. Alors Zinedine Zidane, aux yeux du monde, est devenu récit. Récit fabuleux. Très beau. Très lisse.

Ce récit nous dit... Une étoile est née et ne cesse de briller : *trajectoire mythique*. Le jeune prodige a grandi entouré d'une mère aimante, d'un père sage et méritant, d'une famille simple et unie, construite sur des valeurs fortes : *enfance mythique*. Le footballeur de génie est devenu un homme complet, aussi beau que bon : *personnage mythique*. Il était fait pour elle, elle pour lui, premier amour qui dure toute une vie et qui engendre une magnifique descendance de quatre fils : Véronique et Zinedine, *mariage mythique*. Il réussit tout, il gagne tout, d'abord comme joueur, puis comme entraîneur, et, à 48 ans, il a aussi le temps pour lui : *avenir mythique*.

Mythique ne signifie pas faux ni facile. Nous, public de France et du monde, savons intuitivement qu'un être d'exception se trouve au principe de ce mythe. Et nous savons que travail, persévérance et exemplarité sous-tendent la magie. C'est pourquoi une forme d'unanimité a régulièrement porté Zinedine Zidane en tête des personnalités préférées des Français ; c'est pourquoi, de lui, nous avons tout accueilli, tout aimé, y compris l'insensé.

En le distinguant ainsi, nous savons ce que nous faisons et pourtant, nous ne savons presque rien. Qui est l'homme derrière le masque, si beau, si lisse ?

Au fond, ce que nous connaissons de lui se réduit à son mythe : discours public que tout le monde nourrit des mêmes épisodes, des mêmes traits, des mêmes formules, dans un usage de la parole se révélant bien pauvre, répétitif, et finalement muet. Les proches racontent, les journalistes rapportent, les internautes ressassent, chaque anecdote, même nouvelle, étant toujours de la même eau, qui glisse sur lui. Car décliner à l'envi « il est parfait » et « ce n'est que du bonheur » ne dit rien de Zinedine Zidane. Rien d'intérieur, de contrasté ni de profond. Rien d'éminemment humain.

Stupéfiant paradoxe : Zinedine Zidane fait partie des figures les plus médiatisées de la planète, mais l'un des premiers mots qui vient à chacun pour parler de lui est *mystère* ou *énigme*. La conclusion s'impose : le monde entier se trouve baigné dans un discours trop pâle pour éclairer l'homme.

Or, *Zinedine Zidane désire nous dire autre chose*. C'est mon intime conviction, et la source de

Introduction 9

mon émotion chaque fois que je l'écoute. Certes, il concourt à sa propre opacité quand il se retranche dans le silence. Mais quand il choisit de parler, il semble avoir à cœur de livrer ses sentiments et sa réalité profonde. Son langage, particulier – fruste disent certains – me touche infiniment parce que je le ressens, non comme sommaire, mais comme étranger au semblant. Quand Zidane parle, il ne cherche pas l'effet de langage pour induire chez nous des représentations et des images, pour nous faire penser, rêver ou croire. Zidane n'est pas un illusionniste de la parole – et ce, non parce qu'il manque d'esprit, mais parce qu'il tend à faire entendre une vérité nue. Cette pureté sous-jacente, ces moments d'apparition comme à ciel ouvert m'ont intriguée et captée, me portant à sonder le monde intérieur de cet homme complexe et secret, que je pense être bien davantage que son mythe.

Approcher cet être rare, si éloigné de ce que Lacan appelait «l'homme du commun», est l'objet de ce livre, que je conçois comme une *biographie d'âme*. En tant que psychanalyste, je cherche à mettre mon écoute profonde, aimante, et mon *savoir entendre* au service de celui qui désire *dire autre chose*. L'inconscient, en chacun de nous, tend toujours à dire autre chose : ce que nous croyons et souhaitons le plus intimement, ce que nous ignorons de nous-mêmes mais dont notre langage porte les traces. Qui n'a fait un jour l'expérience d'un lapsus confondant ou n'a exprimé, comme involontairement, une vérité essentielle? Sur le fil de son discours et des événements intimes de sa vie, je vous propose un voyage «dans la tête de Zidane», avec l'intention non pas de mettre Zinedine Zidane en position d'objet (d'étude, de critique, de jugement), mais au contraire en position de sujet; sujet aimé de nous, et que nous désirons écouter au plus près de son âme, pour l'aimer mieux encore.

Une chose est sûre: Zinedine Zidane suscite des sentiments. Quand il agit, quand il s'exprime, quand il se tait. Il les suscite sans artifice, comme indépendamment de tout dessein conscient, comme par nature. Émouvoir, faire naître le respect, la reconnaissance, l'admiration, l'adoration, et parfois l'incompréhension, le sentiment de distance voire d'étrangeté, cela semble inscrit au cœur du langage singulier, verbal et non verbal, au moyen duquel il communique avec nous. Bien sûr, son jeu footballistique, virtuose, produit sur tout spectateur un effet intense. Bien sûr, sa fulgurante réussite de jeune entraîneur a sidéré et conquis. Mais la sphère des connaisseurs, spécialistes et témoins directs a su reconnaître que l'extraordinaire trajectoire dépasse le fait d'un sportif, fût-il de génie: elle tient à l'homme. «Il a une personnalité plus forte que la plupart de ses camarades», remarquait déjà Robert Centenero, dirigeant de l'un des tout premiers clubs où débuta le jeune joueur de 13 ans, dont le mental, à la fois lucide et passionné, transcendait un physique à la force encore incertaine. «Il

Introduction 11

y a quelque chose de grand chez lui [...] Zidane fait partie des gens qui propulsent et bousculent tout», notait, impressionné, Aimé Jacquet, en 1994, l'année où il lui ouvrit la porte des Bleus. «Il symbolise le football tout entier[1]», a dit Carlo Ancelotti, qui a entraîné Zidane à la Juventus, et l'a guidé douze ans plus tard sur la voie, royale, de son apprentissage d'entraîneur au sein du Real Madrid. «Je crois qu'il est une personne incroyable. Je l'admire et c'est vraiment bien d'avoir ce genre de personnes dans le monde du football[2]», a déclaré Pep Guardiola, l'ancien coach iconique du Barça.

Zidane a une aura, comme un langage – vibratoire. Cette aura, que je chercherai à décoder, est l'une des clés du mystère entourant Zidane. J'ai voulu en saisir les éléments constitutifs, la captivante alchimie. Plus je me suis imprégnée du monde de Zinedine Zidane, plus s'est nourrie ma conviction que ce monde repose sur un *équilibre*, subtil et dynamique, entre le principe du masculin et celui du féminin. L'âme de Zidane recèle une splendide équation faite de *yin* et de *yang*. Dans un univers éminemment masculin qui ne célèbre que des mythes virils, Zidane entretient des liens puissants avec le féminin en lui – facteur de création

---
1. *Le dernier match – Le documentaire*, les suppléments, d'Alix Delaporte et Stéphane Meunier, 2007.
2. RMC Sport, 17 décembre 2019, interview de Pep Guardiola après le tirage au sort prévoyant la rencontre entre le Manchester City de Guardiola et le Real Madrid de Zidane en huitièmes de finale de la Ligue des champions.

mais aussi de fragilité intime. Comment Zidane a-t-il construit sa vie d'homme dans la lignée de Smaïl Zidane, ce père qu'il aime passionnément et à qui il dit tout devoir? De quoi est tissée sa vie amoureuse et sensuelle, voilée par le mythe conjugal qui le présente sous les traits d'un mari immuable dans un mariage parfait? Quelle place sa mère, en apparence effacée, tient-elle dans son extraordinaire réussite? De quoi est fait le sidérant pouvoir de mutation dont il témoigne constamment? Où va aujourd'hui sa trajectoire, dans l'étendue des possibles qui le caractérise? Et que s'est-il passé en cet inoubliable 9 juillet 2006, dans l'arène de Berlin, théâtre du drame que le monde entier appelle désormais *le* coup de tête de Zidane? N'impliquait-il réellement que deux protagonistes; avec qui, avec quoi Zinedine Zidane avait-il rendez-vous ce soir-là?...

CHAPITRE 1

Au nom du père

« Au regard d'un père, Dieu est bien peu de chose[1]. »

Fin des années 1990. J'assistais l'auteur Pierre Lunel dans la rédaction de portraits pour une série documentaire intitulée « Femmes de lumière ». L'une d'elles était Bibi Russell, ex-mannequin international d'origine bangladeshie. Elle avait lancé, pour son pays, un programme intitulé « La mode au service du développement », en lien avec l'institution de microcrédit de Muhammad Yunus, futur lauréat du prix Nobel de la paix. Tous trois, nous parcourions les magnifiques plaines du Bengale, lorsque nous nous sommes arrêtés près d'une école de jeunes garçons, qui se trouvaient en récréation. Dès que nous sommes descendus de voiture, une nuée

---

1. Sigmund Freud. Je n'ai jamais oublié cette phrase écrite une seule fois au sein de l'immense œuvre freudienne. N'ayant pu en retrouver la référence exacte, je l'ai pourtant citée, avec l'aval des coauteurs, au sein d'un ouvrage de psychanalyse collectif intitulé : *Le père et ses noms*, Érès, 2012, p. 66.

d'entre eux, à la tenue impeccable, nous a entourés d'un tourbillon de curiosité et de joie. Bibi leur a expliqué que nous étions français. Un garçon m'a saisi vivement la main. Ainsi interpellée, je me suis accroupie près de lui. Son regard dans le mien, il a demandé : « Zinedinezidane ? » Très émue par le lien qu'il venait d'instaurer entre nous, je lui ai répondu : « Oui. Zizou. » Et il s'est jeté dans mes bras.

Zinedine Zidane : ce nom, inhabituel, est si harmonieux qu'il forme une unité de sons, celle que l'humoriste Jamel Debbouze prononce à l'envi, « zin'dinezidane », dans la jubilation enfantine que nous procure toujours les jeux avec la langue. Qu'un nom porte les germes d'un destin ou s'en fasse les ailes se trouve singulièrement confirmé par l'univers du football, via des patronymes aussi magiques que Leo Messi (Messie), Diego Maradona (évoquant la Madone), Eden Hazard... Le nom de Zidane est une musique, une vibration, sorte d'énergie pure. Ce nom est le football de Zidane : un faufilement sublime, un dribble vocal parfait. Quel rapport l'intéressé a-t-il avec son propre nom ? Il y a le plan ludique des sauts entre les différents prénoms et diminutifs qu'il a choisis ou accepté de recevoir : Yazid, Yaz, Zinedine, Zizou, Ziz. Et il y a le plan absolu, plus grave, du rapport à la filiation : Zidane, le nom du père. Dans le monde du sport de haut niveau, en lequel de jeunes femmes et hommes encore tout proches de l'enfance réalisent des exploits de géants, réussir au nom du père n'est pas chose rare. Souvenons-nous, par exemple, des images bouleversantes de Yannick Noah s'élançant vers les bras de son père, pour y jeter l'offrande de sa victoire à Roland-Garros. À propos du titre mondial de 1998, Zidane lui-même a déclaré : « Cette victoire, c'est aussi celle de mon père[1]. »

D'évidence, on ne peut chercher à connaître l'homme Zidane sans revenir au point originel que constitue le lien à ce père : sa condition d'immigré ayant eu à lutter pour sa survie, le corpus de valeurs transmis par lui, et surtout l'amour paternel, à la fois tendre et ardent, auquel le fils a répondu, et qui paraît s'être noué entre eux tel un pacte.

« À l'ombre de mes branches »

La puissance qu'a la figure paternelle pour tout homme dans la détermination de son monde intérieur et de son destin est particulièrement manifeste chez Zinedine Zidane. Cette puissance et son mode opératoire présentent des variantes en fonction de la sensibilité et de l'histoire familiale propres à chaque fils, tout comme l'idée qu'a chaque peuple de Dieu varie à travers les cultures et les âges.

Au tout premier plan, pour Zinedine Zidane : l'adoration et le respect qu'il voue à son père, ceux-ci portant Smaïl Zidane au rang d'une figure indiscutée de l'éthique et de l'amour. Une telle

---
1. En 1999, à Pierre-Louis Basse, pour son livre *Zidane, Dugarry. Mes copains d'abord*.

figure s'apparente à celles des dieux spirituels – par opposition aux dieux de la crainte et du tonnerre – qui ont marqué l'évolution humaine et que Freud a décrits en ces termes : « une autre représentation de Dieu, plus hautement spiritualisée, l'idée d'une divinité unique [...] ayant de l'amour pour toute créature autant que toute-puissante qui [...] fixait aux hommes une vie de vérité et de justice [1] ». Ces dieux de l'esprit et de l'âme ont fait se lever, dans le ciel de l'histoire, des étoiles humaines : prophètes, bâtisseurs, génies scientifiques ou artistes – qui ont conçu leur existence comme en filiation directe avec leur Dieu respectif.

Pour l'ensemble des hommes, c'est la figure paternelle qui est appelée à cette place, structurante et inspiratrice. Et quand « quelqu'un se lève pour répondre » (l'expression est de Lacan) – quand le père de la réalité a du répondant, en somme – alors une puissance, d'essence symbolique comme la puissance divine, entre en action dans la vie du sujet.

Il y a une forme de dieu-père aux sources de l'homme exceptionnel qu'est devenu Zinedine Zidane. Et derrière l'émouvante simplicité avec laquelle il nomme toujours ce père adoré « mon papa », une manière profondément spirituelle de *se représenter* la figure paternelle, qui a façonné son être comme sa trajectoire. La constance et la

---

[1]. *L'homme Moïse et la religion monothéiste,* de Sigmund Freud, Gallimard, 1986, p. 124.

beauté de la gratitude exprimée à l'endroit de Smaïl Zidane[1] n'effacent pourtant pas ce fait, si souvent inhérent aux choses humaines : tout n'est pas que lumière dans l'attachement sacré liant Zinedine Zidane à son père. Ayant sondé, avec tout le respect et le discernement possibles, le discours de chacun de ces deux hommes, je forme l'hypothèse que leur lien exceptionnel fonde l'homme Zidane mais aussi le divise. Ce lien le fonde en lui donnant les racines d'une certaine transmission et les ailes de l'amour. Et il le divise, le déchire presque, aux points précis où son être ne peut se reconnaître ni exprimer sa pleine dimension dans le champ du père.

Prenons cette phrase qui se trouve presque à la fin du livre de Smaïl Zidane et exprime le souhait solennel formé pour les siens : « Je me sens comme un patriarche, le vieil olivier de la maison […] Qu'ils viennent encore, et le plus longtemps possible, se reposer à l'ombre de mes branches[2]. » La formulation « à l'ombre de mes branches » est riche d'ambiguïté : elle recèle le poignant double sens d'une ressource providentielle (à n'en pas douter, l'authentique volonté de Smaïl Zidane) et d'un champ plus obscur, qui viendrait faire de l'ombre à qui voudrait s'y déployer.

---

1. En légende de la photographie du livre publié par son père, récit autobiographique paru en 2017, Zinedine Zidane a écrit, puis posté vers ses millions d'abonnés sur les réseaux sociaux : « Merci mon papa ». *Sur les chemins de pierre*, de Smaïl Zidane, Michel Lafon, 2017.
2. S. Zidane, *op. cit.*, p. 232.

Cette hypothèse d'une ambivalence au cœur de la figure du père, pour Zidane, est subtile et délicate à développer. D'abord parce qu'elle serait majoritairement inconsciente pour les protagonistes, et parce qu'elle touche à deux hommes présentant une valeur humaine et une qualité d'intention au-dessus de tout reproche. Aussi est-ce dans une perspective non de critique ou de jugement, mais d'éclairage des complexités de l'âme humaine, d'appréhension de ses trésors comme de ses douleurs profondes, de foi en ses possibilités libératrices que je m'avance ici.

La loi du silence

Smaïl Zidane est lui-même né d'un père auquel il attribue une véritable élévation en termes de puissance et d'amour : « colosse au cœur tendre[1] », écrit-il. La fratrie, qui ne compte qu'un seul garçon et cinq filles, forme, sous l'égide de parents unis, une de ces familles kabyles traditionnelles à la fois pauvres et dignes. La pauvreté s'attache inéluctablement à la rudesse d'une terre montagneuse, aussi belle que difficile à travailler : « une terre qui n'est pas celle des champions mais des géants[2] ». La dignité, façonnée dans le creuset de la pauvreté, tient au travail : « Tout est là, travailler, travailler,

---
1. *Ibid.*, p. 16.
2. *Ibid.*

travailler[1] »; au courage : « Ne pas avoir peur de l'effort, persévérer, avoir confiance dans la vie[2] »; et au silence : « C'est notre dernière soirée ensemble et la première fois que l'un de nous part si loin [...]. Mon père ne dit rien; il baisse la tête pour cacher son émotion [...] quarante-sept kilomètres de notre hameau jusqu'au port de Béjaïa [...]. Nous avons marché toute la journée presque sans un mot[3]. » Smaïl a 17 ans et part vers la France, résolu à sacrifier un temps de vie familiale pour « juste gagner un peu d'argent et rentrer le plus vite possible[4] », comme son propre père l'avait fait avant sa naissance, durant deux années.

Le silence qu'observent les deux hommes n'est pas seulement celui de la pudeur ou du voile jeté sur la détresse. Continuellement présent, modulé au fil de la vie quotidienne, il devient comme une mélodie de fond dont émerge la note de ce soliste religieusement écouté qu'incarne le père : son regard. Note muette sur une mélodie silencieuse, le regard du père est un langage, sacré. Dès lors, les mots se trouvent ravalés à une fonction quasi utilitaire. « Nous mangions en silence [...] un coup d'œil de mon père nous ramène au calme. Le langage est réservé aux informations pratiques[5]. » Chez les Zidane, le regard est institué comme un attribut de

---
1. *Ibid.*, p. 17.
2. *Ibid.*
3. *Ibid.*, p. 75.
4. *Ibid.*, p. 72.
5. *Ibid.*, p. 23.

puissance paternelle, dont le fils a le droit de faire usage pour devenir un homme puis un père à son tour : « Mon père ne faisait pas de discours. Il m'a suffi de le regarder vivre et le message est passé » ; « on apprend beaucoup des gens en les regardant avec attention[1] ». Et une génération plus tard : « se faire entendre par nos enfants n'est pas difficile [...] Entre nous, la tendresse n'a pas besoin de mots pour s'exprimer. Tout se passe dans les regards et les attentions mutuelles[2] ».

L'identification au père silencieux

Comment ne pas penser au silence et au regard de Zinedine Zidane ? Ce silence, à l'opposé du vide ou du défaut d'intelligence, a pour lui valeur de vertu, marquée du sceau de la filiation : trait du père idéal auquel le fils s'identifie. Corrélativement, le regard s'est trouvé substitué aux mots, devenant un véhicule supérieur, celui des choses de l'âme, et, chez Zinedine Zidane, de cette sensibilité vibrante qui tient à son être propre.

Pourtant, l'identification au père silencieux semble porteuse pour lui d'une note plus sombre, sorte de déchirure intérieure entre adhésion et tourment. Au plan conscient, Zidane célèbre ce silence, le dotant d'une sorte de pouvoir transcendant, tel l'attribut d'un dieu. Il le célèbre dans ses lointains

---
1. *Ibid.*, p. 17
2. *Ibid.*, p. 133.

Au nom du père

souvenirs d'enfance – «Quand j'étais petit lorsque je rentrais de mes matchs, mon père passait de longs moments à masser mes muscles endoloris. C'était un moment précieux, lui et moi, en silence... Il n'y avait pas besoin de mots. Nous n'étions pas une famille de mots, tout passait par le regard... Un regard de mon père en disait plus long que tous les mots de la Terre[1].» Et il célèbre aussi ce silence comme attribut du manager d'hommes qu'il est devenu, à la tête de l'équipe du grand Real Madrid : «Parfois, bien communiquer, c'est être silencieux. Et je sais parfaitement faire cela[2].» Ici, précisément, dans cette phrase d'apparence limpide, vient à mon sens affleurer l'autre plan, celui de l'ombre et du tourment. «Je sais parfaitement faire cela»: étrange assertion chez un homme qui n'a nullement pour habitude de nommer ses perfections même quand le monde entier les lui reconnaît, et qui se trouve justement aimé de tous pour son illustre modestie – l'auteur Jean Philippe a d'ailleurs intitulé la première édition de sa biographie : «Zidane le roi modeste». Il y a un monde, tout un monde invisible, dans ce «parfaitement», comme si s'entrouvrait l'inconscient de Zidane, lieu intérieur en lequel se joue le rapport, si sensible et complexe, de Zidane au silence.

---
1. *Ibid.*, p. 23 : Zinedine Zidane a préfacé, sur quatre pages, le livre de son père.
2. «Zinedine Zidane entraîneur, la métamorphose réussie», *Le Figaro*, 14 février 2018.

Dans sa plus tendre enfance – au temps d'avant les troubles, les adaptations et les symptômes – le jeune garçon témoigne d'une nature vitale entreprenante, généreuse, qui s'exprime spontanément dans le champ du corps et du cœur: «Une boule de nerfs [...] un hyperactif [...]. Tout ce qu'il faisait dans le sport, il le réussissait: judo, foot, tennis [...] il nageait comme un poisson. Il n'avait pas peur, rien ne l'arrêtait [...]. Il est généreux [...] attendrissant, il est très très affectueux[1]», décrit tendrement sa sœur Lila; «un petit fonceur, un peu speed mais gentil[2]», ajoute son frère Noureddine.

Dans le champ de la parole en revanche, le déploiement de cette belle nature semble s'être trouvé frappé d'*inhibition*: timide, réservé, pudique, introverti, muet – ont dit de Zidane tous les témoins de sa jeunesse. Ainsi un silence, symptomatique, s'est imposé à lui, venant forcément le mettre en tension chaque fois que ses élans naturels éprouvent une entrave à leur libre déploiement. Et le symptôme se manifeste encore, dans certains discours publics, quand le langage de Zidane se bloque, hésite ou s'entrechoque, comme si son désir de parler se heurtait douloureusement à un mur intérieur.

Au fil du temps, comme le dit Lacan des personnes qui ont connu une évolution positive, Zidane est parvenu à «savoir y faire avec son

---
1. A. Delaporte et S. Meunier, *op. cit.*, les suppléments.
2. *Ibid.*

symptôme » : le plus souvent, il parle peu, et le fait en des termes mesurés, prudents ; puis soudain, comme si la censure se levait l'espace d'un instant, un geyser de vérité nue jaillit, alors éblouissant de passion et d'élévation. En lui, tout se met à rayonner dans ces moments d'expression privilégiée : son regard, sa voix, l'épure des mots choisis. Malheureusement l'auditoire, individuel ou collectif, ne se montre pas toujours à la hauteur, pouvant blesser Zidane par sa condescendance, son cynisme ou sa bêtise. Et Zidane se referme. *« Puisque c'est comme ça,* bien communiquer c'est savoir être silencieux. *Tristesse et ironie du sort,* je sais parfaitement faire cela » : ainsi pourrions-nous compléter et interpréter sa phrase, qui retrouverait, indépendamment de tout contexte extérieur, sa logique et sa signification profondes.

Se jouerait-il alors une forme de drame dans ce « parfaitement », comme un destin de silence qui viendrait se reboucler inéluctablement chaque fois que Zidane essaierait de le renverser ? Cela s'est effectivement produit en août 2005, par exemple, quand il a voulu sortir de sa réserve et confier au public les ressorts les plus intimes de son retour en équipe de France – sublime moment mystique que le discours public a piétiné[1]. « On rencontre

---

[1]. En août 2005, Zidane, qui avait annoncé sur Canal Plus son retour en équipe de France, donne une interview à un journaliste de la revue *France Football* et lui fait une confidence, ainsi retranscrite : « C'est assez mystique et ça m'échappe un peu. Une nuit, à trois heures du matin, je me suis soudain réveillé et j'ai parlé à quelqu'un. C'est quelqu'un que

sa destinée souvent par des chemins qu'on prend pour l'éviter», écrit magnifiquement La Fontaine, dans la fable *L'Horoscope*. Et c'est exactement le drame d'*Œdipe roi*, dans la tragédie de Sophocle. *L'Horoscope* et *Œdipe roi* : deux fictions frappantes qui mettent en scène deux pères démiurges, pesant puissamment sur le destin de leur fils. Ainsi, puisque Zidane, face au silence, semble lui aussi aux prises avec une roue obscure et *parfaitement* huilée, osons cette question cruciale : dans ce silence récurrent, complexe, qui recèle comme un sombre versant de destin, où la puissance paternelle jouerait-elle un rôle ?

Soumission au savoir du père

Rien ne laisse penser que Smaïl Zidane ait sciemment censuré la parole de son fils. En homme aimant et foncièrement bienveillant, il rejette tout acte de brutalité, physique comme morale : «En cela, je tiens de mon père qui détestait la violence […]. Encore plus que sa stature et ses yeux perçants, sa bonté m'impressionnait. Je le respectais trop pour le contrarier. Avec mes enfants, je n'ai pas non plus besoin d'élever la voix[1]. »

---

vous ne rencontrerez probablement jamais. Moi-même je ne m'explique pas cette rencontre […] et j'ai pris la décision de revenir. J'étais comme interdit par cette force qui dictait ma conduite. » Le tollé médiatique qui s'en est suivi, aussi perplexe que railleur, a conduit Zidane à se rétracter quant au caractère mystique de cet épisode.
1. S. Zidane, *op. cit.*, p. 142.

Tempérée en effet, la démarche éducative de Smaïl Zidane consistait à *faire acte de savoir*. Son discours, empreint d'une belle conception de l'être humain, visait à susciter une évolution de conscience chez ses enfants, et à les engager, à son image, dans les voies de la respectabilité. Mais quelque chose, dans ce discours, tinte comme une alerte : clairement énoncé *depuis une position de certitude*, il semble exclure tout questionnement quant au fond, à la forme et au résultat du savoir paternel ainsi véhiculé : « Je ne crie pas, j'explique. Lorsqu'il faut redresser la barre [...] je sors de ma retenue naturelle. Dans ces cas-là, je procède toujours de la même manière : je prends l'un ou l'autre à part, souvent dans sa chambre, et je lui parle. Cela peut durer une heure, deux heures s'il le faut... jusqu'à ce que ma femme ouvre doucement la porte et me fasse un petit geste que je comprends tout de suite : "Smaïl, c'est bon, je crois qu'il a compris maintenant..." De ces mises au point, il est toujours sorti quelque chose de positif[1]. »

Quand le père affirme : « *je parle* [...], une heure, *deux heures s'il le faut* », et « de ces mises au point, il est *toujours* sorti quelque chose de positif » – l'optique et la voix du fils, son propre temps, son ressenti, en un mot son savoir, ont-ils leur place ? Bien sûr, le savoir d'un enfant ne se mesure pas à la stature et à la loi paternelles, mais il existe, constitué

---
1. *Ibid.*, p. 141.

de ce que tout sujet *sait* de son être et de son âme. Un petit homme s'élance dans l'existence animé de cette perspective propre appelée *désir*, et détenant *en puissance* toutes les ressources pour le réaliser. Essentiel dans sa fonction, un père structure, encadre, sécurise, inspire, guide, transmet. Mais le juste objet de la transmission ne réside pas dans un savoir paternel qui se poserait comme vérité absolue et resterait la propriété d'un père parfait, n'ayant jamais à s'effacer. Le juste objet de la transmission donne au fils *le droit de savoir et d'être puissant à son tour*, afin qu'advienne, dans l'ordre des générations, « le temps des fils » (la formule est de Freud). Bien sûr, dans le réel du monde humain, aucune perfection n'est possible ni même requise. Un père ne s'acquitte jamais parfaitement de la transmission du phallus[1], car il ne peut s'effacer tout entier. Mais qu'il ne s'efface pas du tout risque de réduire ses fils au *silence*, au moins dans le registre de puissance que ce père s'approprie.

---

1. La psychanalyse a appelé « transmission du phallus » cette passation paternelle, opération symbolique à la fois humble et magnifique, qui fonde des hommes libres autant qu'orientés. À partir de la différence anatomique des sexes (on a ou on n'a pas l'organe phallique réel), la psychanalyse a conçu le phallus comme attribut imaginaire de puissance, essentiellement paternelle, et comme un symbole, dont la fonction et la signification viennent ordonnancer le monde psychique d'un être humain.
Pour étayer notre présent propos au sein de ce qui constitue tout un pan de la pensée analytique, citons simplement cette phrase, synthétique, de Lacan (10 février 1976) : « Le phallus du père doit être annulé avant que le fils n'ait le droit de le porter. »

Certains pères veulent le pouvoir absolu, d'autres la séduction éternelle, d'autres encore le prestige social... Smaïl Zidane, je l'ai souligné, veut le savoir, au sens non pas du savoir académique ou intellectuel, mais au sens de la sagesse humaine et du savoir spirituel. Il le veut parce qu'un tel savoir est de nature à élever un homme à la dignité d'un héros de conte philosophique, ou d'un référent au sein de sa communauté, proche et élargie.

Rendant hommage aux récits kabyles qui lui étaient transmis dans son enfance autour de ses 10 ans, Smaïl Zidane écrit : « J'ai tout oublié de ces contes hormis celui d'un joueur de flûte qui allait de village en village [...]. Je ne sais plus ce qui arrivait à cet homme mais je me souviens qu'il était *aimé et respecté par tous*, même s'il était étranger à la région. *Je m'identifiais à lui* et m'endormais heureux, rassuré[1]. » Un peu plus loin dans le texte, racontant les jours de marché au village voisin où il se rendait avec son père pour vendre les fruits et légumes de leur terre, il ajoute : « À l'entrée du village, un groupe d'hommes vêtus de longs burnous blancs a attiré mon attention, comme chaque semaine. Ce sont des marabouts, sorte de "chevaliers d'honneur" qui assurent la sécurité du village et de la région [...] ce sont *des sages, des saints*. Pauvres et pieux, ils vivent [...] d'offrandes faites par ceux qu'ils ont aidés. Ils prêchent le

---
1. S. Zidane, *op. cit.*, p. 24.

bien, portent la bonne parole, règlent les conflits, conseillent, calment les tensions. En toute quiétude car ils ne portent pas d'armes. *Ces hommes me fascinent*; je les respecte plus que tout et j'aimerais leur ressembler. Petit, je m'étais même dit qu'un jour j'entrerais dans leur confrérie. Mon destin en a décidé autrement[1]. » De fait, Smaïl Zidane a connu un devenir tout autre. Mais sur le fond, dans le lieu le plus intime de son être, là où se jouent les représentations mentales et affectives qui déterminent une vie, il dit s'être passionnément identifié à ces figures de savoir: «des sages, des saints».

Se dessine alors la manière qu'a Smaïl Zidane de prendre position dans l'existence. Pour lui, l'homme idéal, et par suite le père idéal, serait un homme de bien, aimant et sage, animé du désir de mettre son savoir au service de l'autre, de son prochain en général et de ses enfants en particulier. À cet égard, dans le généreux mouvement consistant à *servir*, on peut dire que Smaïl Zidane s'efface. Mais un deuxième mouvement, plus discret et sans doute plus inconscient, vient en quelque sorte annuler cet effacement: au nom de son savoir, Smaïl Zidane se donne une position d'exception, celle d'une forme de dieu-père qui s'arrogerait le pouvoir d'énoncer quel homme est son fils, ce qu'il ressent, ce qu'il désire ou a le droit de désirer, pourquoi il a réussi, et ce qu'il est appelé à devenir.

---
1. *Ibid.*, p. 36.

Un père ambivalent

Smaïl Zidane écrit : « On a tout dit sur le footballeur Zinedine Zidane [...] sur son style, son jeu subtil [...] sa gestuelle belle comme une chorégraphie [...] tout dit de ses silences, de ses sourires et de ses yeux verts. Ombrageux, solaire, *il a eu droit à tout* [...] ; pour ce qui me concerne, le regard que je porte sur lui est très différent. Il est celui d'un père sur son fils et *cela change tout* [...]. "Le travail, le sérieux, le respect, c'est ce qui m'a porté", répond Yazid à ceux qui lui demandent les secrets d'un tel succès. Un jour, il ajoute même : "Quand je joue, je pense souvent à mon père", ce qui m'a beaucoup touché. Comme ses frères et sœur, *il n'a pas oublié la leçon*. Tous, en grandissant sont restés abordables, gentils, respectueux. Il suffit qu'ils nous regardent, leur mère et moi, pour se souvenir d'où ils viennent [...]. Et de ce que je vois d'eux aujourd'hui, il leur importe *plus que tout* de *ne pas nous décevoir*[1]. » Smaïl Zidane poursuit, à propos de l'engagement de Zinedine dans sa nouvelle carrière d'entraîneur : « *Je sais d'avance* ce qu'il te faudra faire comme efforts pour décrocher ton diplôme [...] *je suis sûr* que tu auras du mal à rester assis sur une chaise toute la journée[2]. » Puis Smaïl Zidane dévoile son sentiment quant au destin de son fils : « Les journalistes me disent tous la même chose : "Comme

---
1. *Ibid.*, p. 196.
2. *Ibid.*, p. 220.

vous devez être fier, monsieur Zidane!" Fier, oui, bien sûr... même si je n'emploie jamais cet adjectif. "Je suis fier, fier, fier" *pour tout et n'importe quoi*, ce mot s'est vidé de son sens. Il y a tant de personnes qui auraient de multiples raisons d'être fières et *qui n'en parlent pas*. D'ailleurs *tous mes enfants pensent comme moi* et quand on dit à Yazid qu'il est un héros, il ne veut pas l'entendre [...]. Moi, je préfère dire que je suis heureux [...]. Heureux de *savoir que Yazid ne changera pas*, qu'il reste le même, c'est notre plus belle récompense[1]. »

De ces phrases filtre une certaine *ambivalence du père* face au rayonnement de son fils. L'énumération distante, presque ironique, de certains des plus beaux traits de Zinedine Zidane, sous l'égide de l'expression «on a tout dit de...», me semble teintée d'un agacement qui ne s'adresserait pas qu'aux journalistes. Et pris dans son ensemble, le livre de Smaïl Zidane ne comporte aucune référence aux dons stupéfiants de Zinedine, ces dons qui appartiennent au mystère de l'âme, et qui *échappent* à tout déterminisme, y compris celui de l'éducation et de la filiation. Subtils attributs d'un être que nul ne peut annexer, *pas même son père*. Est-ce là le ressort d'une telle occultation: est-ce l'impossibilité de s'approprier la lumineuse singularité de Zinedine Zidane qui conduit son père à la *passer sous silence*?

---

1. *Ibid.*, p. 194.

Ma deuxième impression est celle d'une volonté de contrôle qui, chez Smaïl Zidane, ne s'efface pas derrière l'amour. «Je suis heureux de savoir que Yazid ne changera pas»: l'attachement d'un père à des valeurs fondamentales et la confiance dans la loyauté d'un fils s'entendent bien ici, et c'est certainement la voix de l'amour; mais comment ne pas entendre aussi, dans cet oracle énoncé en toute certitude, l'accent d'une volonté de contrôle difficilement soutenable? «Je suis heureux de savoir que Yazid ne changera pas»: qui pourrait soutenir, face à la souveraineté d'un homme en sa propre existence, que cet homme ne changera pas? Et comment affirmer cela sans nier la création, l'expansion, les possibles, sans nier la vie elle-même s'exprimant en cet homme? Zinedine Zidane nous apparaît, en chaque étape de sa trajectoire, comme un être puissamment vital dont le destin, unique, n'a pas fini de s'écrire. Est-il seulement pensable qu'un tel destin ne le change pas? Et pourquoi un père prendrait-il le changement en mauvaise part, dès lors que ce dernier est l'œuvre d'un fils aimé qui vient sans cesse ajouter de la valeur au monde autant qu'à lui-même?

«Tous mes enfants pensent comme moi»; «il leur importe plus que tout de ne pas nous décevoir» (*nous* associe ici Smaïl Zidane et sa femme); «comme ses frères et sœurs, il n'a pas oublié la leçon»... Bien que la position paternelle s'apparente ici à celle d'un dieu-père omniscient, Smaïl

Zidane ne nourrit certainement aucune intention tyrannique ni malveillante. Identifié à une figure de savoir total et d'homme de bien, Smaïl Zidane regarde les choses depuis cette perspective (celle de l'idéal du moi), et *énonce le monde tel qu'il veut qu'il soit* pour qu'il y prenne exactement cette place-là.

Face à un tel père, deux possibilités logiques s'offraient à Zinedine enfant. Ou bien il déployait librement son propre discours, au risque de tuer symboliquement le père, mais son immense amour pour lui n'aurait pu s'y résoudre. Ou bien il se conformait au savoir absolu du père, à sa vision du monde, et demeurait «à l'ombre de ses branches», mais son puissant désir (cette force vitale en lui qui l'a porté à devenir Zinedine Zidane) ne s'y serait pas retrouvé. Soit mon désir, soit l'amour paternel : ce choix impossible ayant été exclu, il semblerait qu'une troisième voie ait émergé. Elle procède de l'être même de Zinedine Zidane, de cette intelligence des profondeurs, intuitive en quelque sorte, dont est porteur l'inconscient de tout homme. Elle est à la fois solution de compromis, qui a son coût de souffrance, et invention, au service de la vie. La psychanalyse appelle cela un symptôme, et pour Zinedine Zidane, ce symptôme se nommerait *silence*. *Voie du silence* qui, sans les sacrifier, met au secret les trésors singuliers de son être, ceux que Smaïl Zidane ne pourrait reconnaître peut-être. *Loi du silence* dans laquelle Zinedine Zidane s'inscrit, en toute loyauté filiale, adoptant ainsi une vertu ancestrale et laissant à son père le divin privilège des mots. « Lui et moi en silence […]. Nous n'étions pas une famille de mots […] Alors, voir les mots de mon père, de mon papa, couchés sur le papier, chapitre après chapitre, est très émouvant. » Telle est la phrase écrite par Zinedine Zidane en préface du livre paternel[1] : peut-on imaginer acte d'amour plus pur ?

La passion pour le père

Septembre 2017. Zinedine Zidane commence sa troisième saison d'entraîneur au Real Madrid, qu'il a déjà conduit à deux victoires en Ligue des champions. Souriant et détendu, il s'entretient avec Christian Jeanpierre, un journaliste qu'il connaît bien, au sein d'une séquence de l'émission *Téléfoot* nommée « Zidane à cœur ouvert ». La chaîne a réalisé un montage, plein de sensibilité et d'humour, qui associe des temps forts de la carrière du joueur et des moments fondateurs de sa vie d'homme. Seul dans une salle de projection, Zidane se trouve en position de spectateur. Soudain, dans une émouvante mise en abyme, il regarde son père qui regarde son fils lui déclarer son amour : les images du montage montrent Smaïl Zidane assis devant un écran diffusant une ancienne interview

---

1. *Ibid.*, p. 12.

de Zinedine Zidane, réalisée juste après l'un de ses buts mythiques à la Juventus de Turin, en 1996. Dans un élan de joie, Zidane avait dédié son but à ses grands-parents paternels et le journaliste lui avait demandé: «Un petit mot à dire à votre papa?» Un peu surpris mais aucunement réticent, Zidane avait répondu, en toute spontanéité: «Qu'est-ce que je peux lui dire…Que je l'aime!»

Face à ces images tournées vingt ans plus tôt, Smaïl Zidane réagit avec amour, mais aussi par une interprétation un peu étonnante: «Il m'aime… Il ne le dit pas en public… Il a dit: "Je lui dis pas mais je l'aime." *Moi*, je n'ai pas honte, *moi*, de le dire que je l'aime, mes petits-enfants aussi […].» Pourquoi Smaïl Zidane parle-t-il ici de ce que son fils «dit qu'il ne dit pas», et amène-t-il cette idée de honte, alors que les propos de Zinedine étaient au contraire d'une limpidité totale? Pourquoi introduit-il une mesure comparative à son avantage, en précisant que lui, lui le père, n'a pas honte (contrairement à Zinedine, donc)? Et, plus étonnant encore, pourquoi Smaïl Zidane omet-il de faire écho à ce qui se dégage si lumineusement de cette interview: la réussite comme la sensibilité exceptionnelles de son fils, que le monde entier commence à découvrir en cette année 1996?

Quant à Zinedine Zidane, l'homme de 45 ans qui, dans les studios de *Téléfoot*, visionne l'ensemble de la scène, il apparaît comme bouleversé par l'apparition de son père. Le contraste entre sa stature puissante et les larmes qui montent, venant donner à son regard plus de clarté encore, est d'une beauté saisissante. Quelques minutes plus tard, la diffusion du montage achevée, Christian Jeanpierre rejoint Zidane et l'interroge sur cette séquence paternelle. Zidane confie : « C'est là que j'ai eu la première larme parce que mon père me touche. Il m'a toujours touché. C'est notre... » Zidane suspend sa phrase, comme s'il était face à un réel plus grand que les possibilités du langage, plus grand que lui ; puis il fait un geste de la main traçant une sphère et signifiant finalement : « Il est tout ! » (mots que Zidane a effectivement prononcés à plusieurs reprises au fil de son parcours). Ce moment particulier nous rend visible la manière profondément spirituelle qu'a Zinedine Zidane de se représenter la figure paternelle. Pour lui, le père adoré est Tout. Non seulement il est Tout, mais son fils lui doit tout. Dans le monde intérieur de Zinedine Zidane, tout semble partir de son père et tout semble lui revenir.

Une réussite à la lumière de l'amour

Aussi son extraordinaire trajectoire prend-elle d'abord à ses yeux la signification d'une *réussite au nom du père :* une réussite grâce au père et pour le père. À cet égard, ce qu'affirme Smaïl Zidane est exact : chaque fois que l'on demande à Zinedine les raisons de son succès ou de sa chance, il rattache ceux-ci à la transmission paternelle. Au début de son ascension, en 1997 : « Je pense que c'est lié à l'éducation de mon père. Il m'a toujours appris à écouter les autres, à les comprendre et à les respecter. Je pense que ce genre d'attitude m'a beaucoup servi[1]. » Et vingt ans plus tard, en 2017 : « Les mots de mon père résonnent depuis toujours en moi, des mots simples, mais forts […]. Ces mots ont fait mon éducation, notre éducation, mon caractère… Ceci explique sans doute cela[2]. » Cette dernière phrase, si caractéristique du style elliptique de Zinedine Zidane, établit une relation causale directe entre *ceci*, à savoir les mots, l'inspiration, le souffle du père, et *cela* : son propre destin, prodigieux, que la modestie l'empêche certainement de nommer comme tel.

Quand Zinedine Zidane déclare à propos du sacre mondial de 1998 : « Cette victoire est aussi celle de mon père[3] », il s'inscrit dans un trait commun aux milieux pauvres autant qu'exemplaires. Pour ces milieux, la réussite d'un des leurs vient couronner la vertu, le travail, les sacrifices des générations antérieures, et du père en particulier. Emir Kusturica, dans son beau film sur Diego

---

1. *L'Équipe*, mars 1997, dans un article intitulé « Zidane n'a pas oublié sa colline », publié au moment de la sortie sur les écrans parisiens du premier film en langue berbère, *La Colline oubliée*, d'Abderrahmane Bouguermouh, produit par Berbère Télévision.
2. S. Zidane, *op. cit.*, p. 13.
3. P.-L. Basse, *op. cit.*

Au nom du père

Maradona[1], met en lumière cette offrande qu'un jeune joueur, appelé à devenir star, tenait tellement à faire à «Don Diego», le père ainsi nommé dans l'univers du football populaire argentin. Kusturica s'exprime à la première personne, en voix off du film: «J'ai découvert la beauté particulière des cités pauvres […] la moralité exemplaire de ces foyers où on respecte les règles, où on se sacrifie. Maintenant, je sais reconnaître cette attitude noble, cet esprit aristocratique […] Diego promettait à son père qu'un jour il jouerait devant des milliers de personnes pour Boca Juniors[2].»

Rendre justice au père, le réparer, restaurer sa puissance, le mettre à l'honneur et même le rendre riche est un fantasme qui s'observe couramment chez les fils, a expliqué Freud[3]. Mais ce fantasme peut devenir dessein impérieux quand la misère a réellement mis le père à mal. Fait poignant, Smaïl Zidane, arrivé à Paris en cette période glaciale du célèbre hiver 1954[4], n'avait d'autre domicile que le

---

1. *Maradona par Kusturica*, d'Emir Kusturica, 2008.
2. Le Club Atlético Boca Juniors est basé dans le quartier populaire de la Boca à Buenos Aires. Boca Juniors est un club de premier ordre, le cinquième plus titré au monde.
3. *Correspondance*, S. Freud et S. Ferenczi, Calmann-Lévy, 1996, p. 355: Freud reproche vivement à Ferenczi d'avoir participé à la réalisation du fantasme d'Anton von Freund (autre fils spirituel de Freud): «transformer Freud en nabab», c'est-à-dire rendre riche le père (de la psychanalyse).
4. En janvier 1954, une vague de froid s'abat sur la France, et les températures parisiennes descendent jusqu'à −15°. La rigueur de cet hiver et la mort d'une femme dans la rue amènent l'abbé Pierre à faire entendre un cri d'alarme nommé «l'appel de 54», émis à la radio puis repris par

chantier pour lequel il travaillait. Durant une année entière, il a enduré cette situation extrême, dormant sur des ballots de ciment, enveloppé de sacs plastique, et livré à tous les risques de la rue, «porte de Clignancourt, à deux pas du futur Stade de France[1]». Force du symbole, c'est là que Zinedine Zidane, lancé vers le sacre mondial de 1998, inscrira le premier but de l'histoire de ce stade, quarante-quatre ans plus tard. Et Zidane dira continuellement à quel point sa trajectoire fut déterminée par cet arrière-plan familial si cru: «Mon père a été costaud, il n'a jamais craqué. Il m'a beaucoup donné. Aujourd'hui, j'essaie de lui rendre un peu de tous ses dons[2]»; «Il fallait que je travaille deux fois plus que les autres, ne serait-ce que le fait que je sois fils d'immigrés […]. Le fait de réussir, c'était aussi pour eux […][3].»

Au-delà du désir de rehausser le père, plus ou moins pressant selon sa condition réelle, réussir au nom du père contient une signification qui concerne tout fils: réussir par amour pour le père. Un tel moteur est universel car lié à un acte psychique fondateur dans la vie d'un homme: l'identification au père de l'amour, «celle qui s'ordonne comme la première, la plus mystérieuse aussi[4]», a

---
tous les médias du pays. Cet appel a généré un immense élan de solidarité nationale.
1. S. Zidane, *op. cit.*, p. 87.
2. *L'Équipe, op. cit.*
3. A. Delaporte et S. Meunier, *op. cit.*, les suppléments.
4. *Le Séminaire, Livre VIII*, de Jacques Lacan, Le Seuil, 1991, p. 384.

dit Lacan. Tout au long de son existence, un être humain se construit et progresse grâce à des identifications successives: il prend des personnes aimées ou non pour modèles, et son moi copie ces modèles. Mais la première identification est à part, car elle a une fonction infiniment profonde, surtout pour le petit garçon: «Il fait du père son idéal[1]» (Freud), et il le fait par amour. Dès lors, il voudrait *devenir ce qu'est son père*, et il voudrait aussi *être aimé de lui*.

Dans une évolution normale, cette identification passionnée s'atténue sous l'effet des déceptions, du ressentiment et de l'ambivalence éprouvés à l'endroit du père qui, dans la jeunesse du garçon, est aussi un rival et un censeur. Ainsi un détachement, partiel, vient réguler naturellement l'intensité du lien entre un fils et son père. Il arrive pourtant que ce lien persiste sous sa forme première, ardente, adoratrice. Freud a appelé une telle persistance «fixation au père». Lorsque la fixation au père pris comme idéal reste active pour un homme, elle détermine puissamment les pensées, les émotions et l'action de cet homme. Elle décide de son destin; parfois pour le pire, comme dans la fable *L'Horoscope* et dans le drame d'*Œdipe roi,* parfois pour le meilleur comme dans les cas de réussites au nom du père, et parfois pour les deux.

---

[1]. *Psychologie des masses et analyse du moi*, de Sigmund Freud, dans Œuvres complètes, tome XVI, PUF, 1991, p. 42.

Sur un versant heureux, la France entière se souvient des images du sacre de Yannick Noah à Roland-Garros en 1983. Le point de la victoire à peine conclu, il tombe à genoux, se relève vite, serre brièvement la main de Mats Wilander, enjambe le filet et se défait d'un fan, car il n'a qu'une hâte : se jeter dans les bras de Zacharie Noah, le père adoré, qu'il enlace longuement, dans une étreinte partagée.

Pour Rafael Nadal, c'est la relation à la lignée paternelle entière qui se trouve mise en lumière par les images, inoubliables, de sa première victoire parisienne en 2005, l'année de ses 19 ans. L'ultime joute remportée, Rafael Nadal met un genou en terre, cette terre mythique de Roland-Garros, et se recueille un moment, tel un chevalier s'étant consacré à servir son nom, son pays et son roi. De fait, il reçoit longuement l'hommage de Juan Carlos, présent dans la tribune officielle, puis, comme l'avait fait Yannick Noah vingt-deux ans plus tôt, il enjambe les obstacles et s'élance à travers les gradins pour rejoindre les siens. L'étreinte avec son père apparaît comme brève, et c'est dans les bras d'Antonio Nadal, dit «Uncle Toni», le découvreur précoce de ses dons et l'entraîneur de sa prime jeunesse, que s'accomplit l'offrande de sa victoire, dans toute sa puissance émotionnelle. Quand vient le moment des mots publics, le regard de Rafael Nadal a la pureté de ceux qu'animent une passion totale et une ardente vie intérieure. Par ce trait magnifique, il ressemble à Zinedine Zidane, l'aîné Galactique qui, en cet été 2005 ouvrant sa dernière saison de joueur, fut choisi pour remettre à Rafael Nadal la coupe du vainqueur.

Ainsi, *la réussite au nom du père*, qui procède toujours de l'amour originel pour le père, peut mettre l'accent final soit sur *la symbolique du nom* (de la lignée, du clan, du milieu), soit sur *la personne même du père* (pris comme idéal). Dans ce deuxième cas, il est certain que l'attachement du fils a gardé sa force passionnelle première. Et, comme en toute passion, coexistent alors le meilleur et le pire, les lumières et les ombres, la splendeur et le tourment. Pour Zinedine Zidane, ce tourment semble se nommer *dette* et *culpabilité*.

L'ombre de la dette

La frontière qui sépare la gratitude de la dette paraît parfois subtile, mais la distinction se fait, pour chacun, en fonction des émotions ressenties. La simple gratitude envers un père est source de sécurité, de confiance, de liberté, de légèreté et de joie. Quand l'idée de dette est là, elle génère des affects aussi lourds que l'angoisse, le doute sur soi, le sentiment d'indignité, la culpabilité, voire la honte, ainsi qu'une série de peurs : peur de ne pas être à la hauteur du père, peur de le décevoir, peur de perdre son approbation et même son amour.

La gratitude, je l'ai mentionné, est lumineusement présente chez Zinedine Zidane, et s'exprime constamment au fil d'un discours humble et doux, tissé comme une prière autour de ces mots essentiels : « Merci, mon papa ». Mais l'ombre d'une dette est également perceptible, en filigrane de certaines de ses formulations. Quand Zidane dit, à propos de son père : « Il m'a beaucoup donné. Aujourd'hui, j'essaie de lui rendre un peu de tous ses dons[1] », le terme « un peu », certainement empreint de la modestie coutumière de Zidane, suggère aussi la conscience en lui d'un impossible, comme si les dons faits à son père étaient condamnés à demeurer *bien peu* face à une dette de nature inextinguible. Une autre phrase donne l'idée de ce sentiment chez Zidane. Au journaliste de *L'Équipe* qui, en 1997, rappelle : « Vous avez offert une belle maison à vos parents... », Zidane répond, se référant à nouveau à son père : « C'est normal et en même temps j'ai conscience que ce n'est pas grand-chose par rapport à tout ce qu'il m'a apporté[2]. »

De même, l'idée qu'il pourrait être *en défaut* face à ses parents – idée ahurissante au regard de son parcours et de son rayonnement – se fait jour dans plusieurs déclarations de Zinedine Zidane : « Le fait de réussir, c'était surtout pour leur montrer : "Voilà, ça a été difficile dans les études, je n'ai pas fait ce que vous vouliez, et aujourd'hui je vais

---
1. *L'Équipe, op. cit.*
2. *Ibid.*

foncer là-dedans et je vais essayer que vous soyez fiers de moi."[1] » « De mes 14 ans à aujourd'hui, le travail, le respect, le sérieux [...] c'était vraiment les trois mots forts qui me revenaient à l'esprit, en pensant à mes parents [...] J'ai bossé, bossé, bossé, jusqu'à me dire : "Voilà, aujourd'hui tu n'as rien à te reprocher."[2] » Cette dernière phrase, d'une portée majeure à mon sens, condense une série d'éléments profondément significatifs. Tout d'abord, elle fonctionne en strict miroir du discours paternel : « Du travail, du sérieux, des efforts [...] celui qui applique cette recette (en y ajoutant une cuillerée d'humilité, un zeste de sacrifice et une bonne louche de gentillesse) [...] n'aura rien à se reprocher ni à craindre de personne[3]. » Et, de manière plus flagrante encore, l'expression «*J'ai bossé, bossé, bossé, jusqu'à me dire : voilà, aujourd'hui tu n'as rien à te reprocher*» reflète à la lettre le commandement martelé par le père : « Mes enfants [...] Ne vous bercez pas d'illusions, n'écoutez pas le chant des sirènes, *travaillez, travaillez, travaillez* [...]. Marchez la tête haute *et n'ayez rien à vous reprocher*[4]. » Autre élément significatif que fait émerger la mise en regard des deux discours, ce phénomène psychique fondamental : Zinedine Zidane a incorporé l'image d'un père non seulement inspirateur

---

1. A. Delaporte et S. Meunier, *op. cit.*, les suppléments.
2. *Ibid.*
3. S. Zidane, *op. cit.*, p. 149.
4. *Ibid.*, p. 231.

(source de savoir), mais aussi *interdicteur* (source de censure). En effet, *n'avoir rien à se reprocher* renvoie à la notion de faute, dont découle un sentiment de culpabilité voire d'indignité.

Dans les propos de Smaïl Zidane, la nature de l'interdiction est claire : elle porte sur le « chant des sirènes » que l'on peut saisir, au plus près de la tradition homérique, comme *l'appel du désir et des pulsions*. Divinités de la mer vivant à l'entrée du détroit de Messine en Sicile, musiciennes enchanteresses, les sirènes œuvraient à charmer les navigateurs. Sous l'emprise du chant suave, ceux-ci perdaient le sens de l'orientation, et fracassaient leur bateau sur les récifs ou se jetaient dans les flots. *L'Odyssée* d'Homère raconte qu'Ulysse s'est fait attacher au mât de son navire par ses marins, afin de pouvoir écouter ces voix divines sans risque de s'y perdre. Aussi le chant des sirènes peut-il être une métaphore de la tentation pour chaque homme d'entendre, dans la grande mélodie du monde, *l'appel de l'objet de son désir*. Si un homme traite cet appel sur un mode pulsionnel (se jeter dans les flots), celui-ci peut être destructeur. Mais si, tel le divin Ulysse, l'homme agit en conscience et utilise sa capacité d'invention, il peut jouir sans dommages de sensations exquises. Ulysse, « l'homme aux mille ruses » (la ruse ayant, dans la langue d'Homère, le sens d'une vertu créatrice et d'un attribut divin), nous montre que la loi du père – *tu n'écouteras pas les sirènes* – a une limite, car elle ne saurait résoudre la question du désir d'un homme et de sa volonté de jouissance. En effet, «ce rapport du sujet à lui-même qui s'appelle le désir» (Lacan) est, pour part, hors de portée du champ paternel et chaque homme est appelé à aller au-delà du père pour chercher en lui-même ses solutions de vie.

Qu'il y ait nécessairement une limite à sa loi, et qu'il lui soit impossible de régenter le désir de ses fils, peut-être Smaïl Zidane n'en veut-il rien savoir. De fait, son propre discours le présente toujours sous les traits du père idéal, un père qui rejetterait les pulsions et fermerait les yeux sur la jouissance, un père qui serait parfaitement maître de son désir, et exigerait de ses fils qu'ils en fassent autant. À cet égard, Zinedine Zidane paraît *prisonnier du père idéal*, qu'il voit comme tel au plus profond de lui. Quand Zinedine Zidane dit: «Voilà, aujourd'hui tu n'as rien à te reprocher», il évoque le point d'arrivée d'une quête, comme une sorte de Graal qui consisterait à accomplir le désir de son père en devenant ce qu'est Smaïl Zidane à ses yeux: un homme irréprochable.

Chaque fois que Zinedine Zidane pense faillir, la dette ressentie envers son père, la faute liée à la transgression de sa loi et la crainte de le décevoir sont certainement sources de tourments et de conflits intérieurs. À l'inverse, lorsque Zinedine Zidane a le sentiment de rejoindre l'idéal du père voire de fusionner avec lui, d'ardentes émotions le transportent: «J'éprouve un réel bonheur lorsque mon père me dit : "Je suis fier de toi." Je sais que cette fierté n'est pas seulement le fait de ma réussite sociale. Il est heureux de voir l'homme que je suis devenu. Sa fierté me bouleverse[1]. »

« Sa fierté me bouleverse »

Comme cette phrase passionnelle le révèle en 1997, et comme les larmes de 2017, si touchantes, l'expriment encore, la quête de Zinedine Zidane est toujours *actuelle*. Elle est ouverte en lui, tels un appel et une faille. Zinedine Zidane veut la fierté pleine et entière de son père, celle qui reconnaîtrait, approuverait et aimerait *tout* son être ; celle que Smaïl Zidane au fond lui refuse, quand il distille dans son discours une fierté commune, occultant la radieuse exception humaine incarnée par son fils. Zinedine Zidane est à mes yeux un cœur pur, comme le requiert la quête légendaire du Graal, mais pas comme l'entend la loi paternelle : *pas au sens du barrage au désir et du rejet des pulsions*. Il est pur dans son amour infini pour son père, pur dans sa passion absolue pour son art, pur dans son aspiration à la vérité et à la clarté.

Se voir reconnu comme rare, précieux, unique, et se sentir inconditionnellement aimé comme tel : plusieurs hommes ont représenté, pour Zinedine Zidane, de belles figures paternelles, qui lui ont

---
1. *L'Équipe, op. cit.*

donné cette *position d'exception* que tout fils demande à son père, que tout homme demande à Dieu. Je les citerai au chapitre 4 consacré à l'aura de Zidane – des énoncés puissants, adressés à Zidane par ces «pères de substitution» (terme de Freud) témoignent de leur regard sur lui : Robert Centenero, Jean Varraud, Rolland Courbis, Aimé Jacquet, Marcello Lippi, Florentino Pérez, Carlo Ancelotti... De ce dernier est venue l'une des plus nobles déclarations qui puisse être dédiée à un fils, il me semble, acte de reconnaissance et d'amour d'un père spirituel qui sait répondre présent mais aussi s'effacer : «Zinedine appartient à cette catégorie de joueurs qui n'ont rien à apprendre d'un entraîneur du point de vue technique. Il y a des joueurs comme ça dans le monde, qui sont si doués qu'ils nous dépassent[1].»

L'intensité, la densité, la note tragique peut-être, inhérentes à la quête de Zidane, tiennent à la persistance de cette quête, depuis les profondeurs de son enfance incertaine jusqu'au présent d'un homme comblé d'honneurs. Quoi qu'ait reçu Zidane, de ses proches, de tous ses publics, du destin, et même des dieux, rien n'a pu éteindre sa demande première ni son attente ardente à l'endroit de son père : «*Sa fierté me bouleverse*»... Freud, dans son génie lucide, a si souvent su voir au fond de l'âme humaine : «Au regard d'un père, Dieu est bien peu de chose.»

---

1. A. Delaporte et S. Meunier, *op. cit.*, les suppléments.

Échapper au père ?

Zidane prisonnier du père idéal. Et Zidane libéré peut-être, d'une incroyable manière, inconsciente sans doute, mais actée à jamais.

Été 2006. De nombreuses voix s'élèvent pour tenter de résoudre l'énigme du sidérant «coup de tête» de Zinedine Zidane, tout dernier geste de sa carrière de joueur qui s'est close, ce 9 juillet, sur la sanction de l'arbitre du match.

L'acte devenu historique (on l'appelle «*le* coup de tête de Zidane»), de ceux qui infléchissent une existence, comporte à mon sens plusieurs strates de significations, que nous sonderons au fil des chapitres. Je forme l'hypothèse que l'une de ces significations, peut-être la plus profonde et la plus inconsciente pour Zidane, se trouve intimement liée à la figure du père.

Dans le flot d'informations ayant suivi la déflagration de l'événement et la stupeur des commentateurs, je me souviens avoir relevé, dans le discours de Zidane, ce qui pouvait sembler de l'ordre du détail. Au regard du monde psychique, un détail est parfois le souffle même du «dieu des petits riens»: un signe, un mot, une expression insolite au détour d'une phrase; petites choses langagières en lesquelles se manifeste l'inconscient d'un être humain et qui viennent nous en livrer la clé la plus secrète.

L'élément insolite se trouvait ici dans la séquence de l'échange entre Zidane et l'arbitre du match,

Horacio Elizondo, juste après que celui-ci a brandi le carton rouge de l'exclusion. Zidane vient de saisir que la Coupe du monde et toute une vie de joueur prennent fin pour lui en cet instant. On aurait pu s'attendre à une scène émotionnelle à vif, ou à une tentative de fléchir l'arbitre pour qu'il revienne sur sa décision. Mais rien de tout cela ne se produit. Horacio Elizondo raconte : « À ce moment-là, Zidane me met la main sur l'épaule, […] et il me dit : "Soyez tranquille, je n'ai *rien à vous reprocher*. Le rouge, je le mérite, je ne vais pas discuter cette sanction. Mais vous n'avez pas vu ce qui s'est passé avant." Alors je lui ai demandé tout de suite : "Qu'est-ce qui s'est passé ?" Mais il a fait demi-tour et s'est éloigné[1]. »

« Soyez tranquille, je n'ai *rien à vous reprocher* […] Mais vous n'avez pas vu ce qui s'est passé avant » : tels furent les premiers mots, forcément essentiels, prononcés par Zidane au moment, dramatique, où il est sous le coup de la loi incarnée par l'arbitre sanctionnant son geste. Si nous lisons la phrase dans une logique rationnelle, et au temps de ce geste, elle est incompréhensible : pourquoi l'urgence de Zidane serait-elle de rassurer l'arbitre sur une décision qui vient de faire basculer son propre destin ; et pourquoi amènerait-il l'arbitre à questionner ce qui s'est passé pour ensuite ne pas lui répondre et renoncer à se justifier ? Cette séquence retrouve tout son sens, en revanche, si

---

[1]. *Secrets d'actualité*, septembre 2006.

nous la replaçons au cœur d'une autre logique, celle qui ordonne le lien de Zidane à son père.

« *Voilà, aujourd'hui, tu n'as rien à te reprocher* », nous l'avons vu, est un mot d'ordre qui détermine Zidane. C'est la loi du père idéal incorporé en lui, c'est la devise consciente d'un blason intérieur. Dès lors, « *je n'ai rien à vous reprocher* », signifié à l'arbitre en position d'autorité, s'adresserait aussi, sur la scène de l'inconscient, à son propre père, l'homme irréprochable auquel il lui faut absolument réaffirmer son respect, et auquel il faut dire, de toute urgence, que lui, Zinedine, reste le digne fils de ce père idéal : il a commis une faute, grave, mais au nom d'une raison supérieure, plus grave encore, de nature à réordonnancer toute la question du reproche – « *mais vous n'avez pas vu ce qui s'est passé avant* ». Horacio Elizondo, d'une certaine manière, répond à cet appel au père, puisqu'il ne refuse pas le geste de Zidane lui entourant l'épaule et l'interroge calmement sur ses motifs. Toute la tragédie de l'instant réside dans le fait que Zidane *ne peut pas lui répondre* à son tour, ces motifs, profondément intimes, étant indicibles (comme nous le verrons au chapitre 3).

Sous la partie visible de l'enjeu d'irréprochabilité opère, à mon sens, un enjeu inconscient plus vital encore. Zidane le sait : cette finale de Coupe du monde restera dans les mémoires, point extrême de la course d'une étoile que la planète entière contemple depuis dix ans, et dont soixante-neuf mille spectateurs plus un milliard de téléspectateurs regardent l'ultime apparition. C'est *le* moment que peut saisir Zidane pour accomplir son désir d'exister en tant que lui-même, en tant que lui tout entier, en tant que lui à jamais. Ainsi, par son geste crucial, fulgurant passage à l'acte, Zidane s'est ouvert un espace, au-delà du champ du père. Et c'est alors au monde, immense père symbolique, qu'il demande de le reconnaître et de l'aimer, même sans le comprendre, exactement pour ce qu'il est, dans toute sa vérité paradoxale : pulsionnel et sublime.

CHAPITRE 2

Zidane et le féminin

« Tout esprit profond a besoin d'un masque[1]. »

Des multiples facettes du mystère qui entoure Zinedine Zidane, celle de sa vie amoureuse et sensuelle est certainement la plus opaque.

Tout homme d'exception, dit Nietzsche, porte un masque et, s'agissant de son rapport au féminin, Zidane a choisi l'un des plus impénétrables, celui de *l'immuabilité conjugale*. Aux yeux du monde entier, Zinedine Zidane se présente sous les traits invariables d'un mari, ce qui s'affirme pour lui comme indissociable du fait d'être un père et institue une figure virile apparemment sans faille et socialement consensuelle.

Quand Nietzsche parle de masque, il n'oppose pas l'apparence à la vérité, comme procéderait la morale classique. Aussi n'est-il pas notre propos de dire que cette manière d'être homme qu'incarne

---

1. *Par-delà bien et mal,* de Friedrich Nietzsche, Gallimard, 1971, p. 58.

Zidane relève du mensonge intérieur ou cherche à tromper quiconque. Si l'on suit la logique de Nietzsche, le masque du mari parfait pourrait constituer, chez Zidane, le signe d'une intensité et d'une richesse de sentiments exceptionnelles : « Ce ne sont pas les pires choses qui nous font rougir le plus [...], écrit Nietzsche, j'imagine très bien un homme ayant à dissimuler quelque chose de précieux et de fragile [...][1]. » Pour cet homme, soustraire son univers le plus intime au regard commun marquerait alors la délicatesse de sa pudeur. « Tout ce qui est profond aime le masque », dit encore Nietzsche ; ce masque qui protège les secrets de l'âme, mais qui par sa présence en dévoile aussi l'existence.

Le masque du mariage classique, éternel et omniprésent viendrait alors signifier que, s'agissant de son rapport au féminin, Zidane ne veut pas livrer certaines vérités de son être, des vérités profondes et sensibles, qu'il connaît et sauvegarde. Mais il existe aussi d'autres vérités que celles que l'on connaît, et souvent plus profondes encore ; cela s'appelle l'inconscient. Pour qui est à même de capter ces signaux, discrets, l'inconscient émet des rais de lumière, qui traversent tous les masques. Paroles insolites, lapsus, actes manqués, motifs récurrents déclinés au cœur des actes ou du discours : l'inconscient se manifeste

---
1. *Ibid.*, p. 57.

par bribes, par quanta en quelque sorte, aux lieux les plus inattendus, parfois jusque dans le masque lui-même. C'est toute la beauté, toute l'inventivité du caché-révélé.

Pour honorer cette beauté, pour respecter la pudeur comme l'extrême sensibilité d'un homme rare, je vais approcher le féminin dans le monde de Zidane, et d'abord *le féminin au cœur de son être* – ce que, consciemment, il en montre et en voile, mais aussi, peut-être, ce qu'il en ignore – avec cet art de la nuance, cet amour dénué de jugement, dont la psychanalyse sait nourrir son regard sur l'humain.

Zidane yin et yang

Dans l'esprit de notre société accoutumée à penser par dichotomies, apparaître comme radicalement viril est la norme pour un homme. Dès son enfance sera homologué comme masculin le garçon fort, pragmatique, tranché, tandis que pèserait déjà l'ombre de l'anomalie, celle d'une certaine féminisation, sur un garçon plus sensible, ardent et secret. Or Zidane, à mon sens, a d'emblée fait exception à cette dichotomie et porte en lui une dualité, aussi précieuse que délicate à vivre : la coexistence des principes masculin et féminin.

Son nom, yin

Si nous acceptons l'idée que le nom est au commencement du destin d'un homme, écoutons la vibration de celui-ci : *Zinedine Zidane*. La sonorité du mot «*yin*» s'y coule, tressée à la douce succession des syllabes. Conçue dans une dualité primordiale avec le *yang* par un penseur chinois appelé Zou Yan (charmant clin d'œil euphonique à *Zizou Zidane*), la qualification *yin* s'applique, entre autres, à l'introversion, à l'obscurité mystérieuse, au silence – autant de traits caractérisant Zidane. Le *yin* est aussi le principe du féminin.

Recourir à l'antique pensée chinoise pour aborder le monde intérieur de Zidane me semble particulièrement éclairant pour saisir ce couple d'opposés complémentaires qui, entre masculin et féminin, crée en lui une tension féconde, une puissance d'animation. De même, je vois une résonance entre l'authenticité de Zidane et le registre profondément naturel de cette pensée, qui ne constitue pas une philosophie abstraite mais une intelligence des phénomènes cosmiques et des cycles du vivant. Ainsi, au-delà de toute école de pensée ou de croyance, le yin-yang me paraît offrir une métaphore raffinée de l'équilibre dynamique inhérent à la nature de Zidane, ainsi que du potentiel de transformation dont son être témoigne.

Son football, yang

Pour ce qui est du *yang*, principe du masculin, son expression n'est nullement masquée chez Zidane. Le *yang* éclate dans la vitalité pulsionnelle manifestée dès son plus jeune âge – « Yazid trop turbulent[1] », témoigne son père – puis, de façon prodigieusement aboutie, dans ce que nous avons nommé son *corps de puissance*, étoffe d'une étoile, d'un grand fauve et d'un vainqueur.

Un préjugé, solidement ancré dans la pensée commune, affirme, plutôt péjorativement, qu'une nature pulsionnelle se jette nécessairement dans la recherche effrénée de la femme et de la jouissance sexuelle. Ainsi, des catégories telles que les hommes de pouvoir, les rockstars ou les sportifs de haut niveau se trouvent associées à une sexualité débridée. Il arrive, bien sûr, que la puissance originelle s'exprime dans une vie sexuelle intense, mais, depuis l'observation révolutionnaire de Freud, nous savons que les énergies psychiques sont déplaçables et aptes à diriger leur impulsion vers des objets variables, du plus primaire au plus élaboré, du plus naturel au plus inattendu. Distinguant le champ de la sexualité de l'acte sexuel lui-même, qui ne constitue que l'un des destins possibles pour les pulsions, Freud a ouvert notre regard sur la vie sexuelle humaine et son immense potentiel de création.

---
1. S. Zidane, *op. cit.*, p. 145.

S'agissant de Zidane, nous pouvons dire avec certitude que «l'objet football» est inondé de sa puissance pulsionnelle. Cette énergie libidinale première s'est non seulement trouvée canalisée vers le football sous l'effet de l'amour fou de Zidane pour le jeu de ballon, mais elle y a aussi trouvé un terrain de *jouissance permise*; permise par le père: «Le foot, c'était pour moi la certitude que mes garçons ne traînaient pas dans la rue, qu'ils se défoulaient de façon saine [...][1].»

Tout au long de sa carrière, cette jouissance, lumineuse, a été vécue à ciel ouvert par Zidane, sans masque. «Une relation d'amour, parce que le ballon c'est sa chose, ça lui appartient, il lui donne, c'est un échange entre les deux, son pied, sa caresse, son pied droit, son pied gauche, son corps, il l'envoûte[2]»: ces mots, qui relèvent véritablement du champ amoureux et sensuel, viennent de Roger Lemerre, inspirés par le souvenir émerveillé qu'il a gardé de Zidane lors de l'Euro 2000 gagné avec l'équipe de France. Explicitement, Zidane a toujours noué ensemble, au cœur de son lien au football, puissance et plaisir. La force pulsionnelle fuse, par exemple, dans cette expression récurrente chez lui: «Plus qu'à fond [...], à trois cents pour cent[3]», et le plaisir jaillit partout, dans ses mots, dans ses

---

1. *Ibid.*, p. 153.
2. *Comme dans un rêve*, un film de Paul Elkaïm et Louis Goldschmidt, 2002.
3. A. Delaporte et S. Meunier, *op. cit.*

Zidane et le féminin

gestes, dans ses choix, plaisir présent depuis ses débuts mais paroxystique lors des ultimes semaines en Coupe du monde : « je jouais pour me faire plaisir[1] » ; « l'envie d'en profiter[2] » ; « le sentiment qu'à un moment donné, il ne pouvait plus rien nous arriver […] on se régale, on prend du plaisir […] on jouait naturel, fluide, c'était trop bon[3] » ; « je me suis dit : "fais-le, fais-le à fond, vis-le, intensément, c'est trop bon" […]. Durant ce mois et demi, je me suis régalé d'une force ! […] pour moi, c'était Tout[4] ».

À cet égard, le football de Zidane, puissant et jouissif, orgasmique même, est foncièrement *yang*, comme ce qu'il y a en Zidane d'évolutif, de supérieur, de souverain, et comme son statut de maestro[5]. Aujourd'hui, le maestro du jeu est devenu ce maître éclairé qu'incarne le coach pour les joueurs, plus encore lorsque ceux-ci consentent à se laisser guider, initier par lui. Dans l'inspiration offerte par Zidane, riche de multiples valeurs techniques et

---

1. *France Football*, 9 janvier 2018.
2. A. Delaporte et S. Meunier, *op. cit.*
3. A. Delaporte et S. Meunier, *op. cit.*, les suppléments. Zidane évoque ici le quart de finale mythique de la Coupe du monde 2006 contre le Brésil.
4. A. Delaporte et S. Meunier, *op. cit.*, les suppléments. Zidane englobe dans son propos l'ensemble de cette dernière Coupe du monde 2006, qui ponctuait sa carrière.
5. Je me réfère ici à la table de classification figurant dans le plus ancien des textes connus sur le yin-yang, le *manuscrit de Mawangdui* (IIe siècle avant J.-C.), qui énonce vingt-deux paires d'opposés complémentaires. Selon cette classification, ce qui s'étend est *yang* (ce qui se rétracte est *yin*) ; le souverain, le père, le maître, le mariage et la naissance sont *yang* (tandis que le ministre, le fils, l'élève, le deuil sont *yin*).

humaines, le plaisir est toujours le point d'orgue : « Aujourd'hui, quand je dois parler à un joueur, je limite mes mots à un ou deux messages pour toujours finir par "Et maintenant prends du plaisir sur le terrain". Rien de moins, rien de plus[1]. »

Sa sensibilité, trésor et fragilité

Corrélativement à cette magnifique énergie virile, où le principe féminin, le mystérieux *yin*, se saisit-il le plus distinctement en Zidane ? Dans *sa sensibilité à fleur de peau*. Quand cette sensibilité tisse une fibre d'artiste, exprimée dans son jeu virtuose, elle n'appelle pas le masque de la pudeur. Mais quand cette même sensibilité se déploie sur le terrain des relations affectives primordiales et de l'amour en général, elle devient fragilité autant qu'elle est trésor, car un simple effleurement peut la blesser.

De fait, la notion de *blessures morales* a souvent affleuré au fil de la trajectoire de Zidane, de manière voilée dans son propre discours, et plus distinctement dans celui de ses proches, témoins de sa vie intérieure. La première de ces blessures connues, violente, a été causée par la séparation vécue à l'âge encore si tendre de 14 ans, lorsque Zidane a quitté le berceau marseillais de sa famille pour intégrer le centre de formation de l'AS Cannes,

---

1. Frédéric Hermel, *Zidane*, Flammarion, 2019, p. 142.

d'où son ascension a pris son départ: «Jamais il ne s'épanche sur sa solitude. Pas plus qu'il ne raconte ses nuits à pleurer en silence sur son oreiller. Ses parents l'apprendront lors d'une interview qu'il donnera quinze ans plus tard. À aucun moment ils n'avaient soupçonné un tel désarroi[1].» Dans cette émouvante détresse d'un garçon par ailleurs énergique et audacieux se fait jour le profond besoin qu'a Zidane de se sentir en totale sécurité affective, enveloppé d'amour.

De même, les critiques dont Zidane a fait l'objet, périodiquement, en tant que joueur puis en tant qu'entraîneur ont toujours porté atteinte à sa sensibilité. Lors de l'Euro 96, par exemple, Zidane n'a pas réalisé les performances que ses débuts étincelants en équipe de France, deux ans plus tôt, et que son envergure croissante au sein de son club (Bordeaux) avaient laissé présager pour lui. «Démesurées par rapport à la réalité de ses productions […] mais proportionnées aux attentes que suscitait son talent, les critiques l'ont particulièrement touché. *Surtout quand elles émanaient de certains de ses coéquipiers.* Sans entrer publiquement dans un débat polémique, *il n'oubliera pas ces blessures morales.* Comme il n'a pas oublié celles de Cannes. Comme il n'oublie pas les réconforts[2].» Au nombre des réconforts, en ce difficile été 1996, figuraient la

---
1. Besma Lahouri, *Zidane, une vie secrète*, J'ai lu, 2016, p. 210.
2. Jean Philippe et Patrick Fort, *Les deux vies de Zidane*, Archipoche, 2017, p. 126.

confiance et le soutien sans faille d'Aimé Jacquet, alors entraîneur de l'équipe de France, qui ont certainement adouci l'impact ressenti, en particulier celui de la déloyauté des siens.

L'incident permet une localisation précise du point douloureux pour Zidane : la blessure ne ressortit pas à un ego qui ne tolère pas la critique – Zidane a montré, à de nombreuses reprises, une véritable intelligence du point de vue de l'autre – mais plutôt à une *sensibilité affective* que la brutalité, l'injustice et le sentiment de trahison mettent à mal. Je parle ici de *sentiment de trahison*, et non pas seulement de trahison patente, car plusieurs épisodes de sensibilité froissée révèlent que Zidane peut se sentir trahi lorsqu'un proche, supposé acquis à sa cause, exprime publiquement un désaccord. À l'été 2004, tandis qu'il intervenait dans le débat public consécutif à l'annonce par Zidane de son retrait définitif de l'équipe de France, le même Aimé Jacquet l'a blessé en énonçant une opinion qui, pourtant, s'entendait au premier chef comme une position éthique patriote, et non comme un désaveu de son lien avec Zidane : « Être à la disposition du football français n'est pas seulement une expression, une addition de mots, c'est un ressenti profond, un vrai sacerdoce [...] Je ne veux pas employer de mots trop forts à leur encontre. Simplement, un cadre ne s'en va pas comme ça, des joueurs de cette dimension ont un devoir vis-à-vis de leur sélection et pas seulement à l'égard de leur club [...] Dans quelques mois, ils vont le regretter. Eux et nous. Mais c'est la vie[1]!» «Zizou est déçu par ces propos[2]», ont souligné ses biographes.

La trahison, fil d'Ariane pour son monde intérieur

Bien plus qu'un point sensible parmi d'autres, le sentiment de trahison me semble constituer un véritable fil d'Ariane pour qui cherche à s'orienter dans le monde intérieur de Zidane et à discerner la causalité affective de ses actes.

La trahison, son point de rupture

À l'automne 2019, visionnant le documentaire que Nagui venait de réaliser sur Didier Deschamps dans le sillage de la victoire française en Coupe du monde[3], je relevai l'étonnante absence de Zinedine Zidane et d'Aimé Jacquet au nombre des figures venues parler de leur expérience avec Didier Deschamps. Le lendemain, j'ai lu que Nagui s'était lui-même exprimé sur le sujet, précisant qu'il avait

---

1. *France Football*, 31 août 2004. Aimé Jacquet s'exprime ici au pluriel car son propos concerne Zinedine Zidane et Lilian Thuram qui, tous deux, avaient décidé de quitter l'équipe de France alors qu'ils jouaient encore dans leurs clubs respectifs (la Juventus de Turin pour Thuram).
2. J. Philippe et P. Fort, *op. cit.*, p. 256.
3. *Didier face à Deschamps*, un documentaire de Nagui, diffusé sur TF1 le 11 octobre 2019, à l'issue du match Islande-France.

proposé à l'un et l'autre de s'exprimer pour l'occasion. Aimé Jacquet lui avait clairement expliqué la raison de son refus, qui relevait, non d'une réticence quelconque envers Didier Deschamps, mais de la réflexion éthique venant toujours sous-tendre ses décisions : « Il faut plutôt protéger la vie privée que la raconter », a dit Aimé Jacquet à Nagui, lui déconseillant de produire ce documentaire. Du côté de Zidane, c'est un complet silence qui a suivi la requête de Nagui : « J'ai laissé des messages sur ce que je pensais être son portable, et il n'a pas répondu. Je respecte[1]. »

Sachant combien Zidane est prompt à faire acte de présence et de fidélité envers ses proches, je me suis interrogée sur les motifs de ce retrait. L'hypothèse d'un sentiment de trahison venu altérer son amitié avec Didier Deschamps m'est apparue comme la plus probante. Lors de la Coupe du monde 98 déjà, réagissant à l'expulsion de Zidane pour un geste agressif commis sur un joueur saoudien, Deschamps, capitaine de l'équipe de France, avait eu cette formule : « Zinedine, c'est impardonnable. On sait que c'est un joueur impulsif mais bon, il va nous condamner sur plusieurs matchs[2]. » La notion de pardon implique l'idée de faute morale, qui elle-même touche à l'être. Une affaire d'hommes, et pas seulement d'actes. Que Deschamps, dédié à l'esprit d'équipe, ait jugé

---
1. *L'Équipe*, 11 octobre 2019.
2. F. Hermel, *op. cit.*, p. 161.

Zidane et le féminin

irresponsable cette révolte individuelle de Zidane, cela se conçoit aisément. Réciproquement, il est facile d'imaginer l'effet qu'a pu avoir une telle sentence, publique, sur la sensibilité de Zidane. À n'en pas douter, son intelligence des situations et de la subjectivité humaine lui permet d'entendre le reproche éthique, mais le caractère profondément affectif qu'il attache à la loyauté ne s'accommode sûrement pas d'une condamnation ainsi proférée au grand jour. Pour s'en convaincre, il suffit d'observer le soin sans faille que met Zidane, devenu entraîneur, à soutenir publiquement ses joueurs et à exercer son autorité dans la seule intimité du vestiaire.

Dix-huit ans plus tard, au printemps 2016, un nouvel incident se produit. Zidane a été appelé en cours de saison à la tête de l'équipe première du Real Madrid, et Didier Deschamps, entraîneur de l'équipe de France, prépare l'Euro. La décision, très attendue, de Didier Deschamps concernant le Français Karim Benzema, l'un des joueurs-phares du Real Madrid, est officiellement actée : aux prises avec une affaire judiciaire, Benzema ne fait pas partie de la sélection nationale. Et Zidane s'en est trouvé blessé, écrit le quotidien espagnol *As*; blessé non par un choix qu'il sait revenir de plein droit à Deschamps, mais par le fait que celui-ci l'a rendu public sans avoir pris la peine de l'annoncer directement à Benzema. Dans cette réaction particulièrement empathique, Zidane s'est certainement identifié à Benzema en se représentant ce que lui-même aurait éprouvé en pareil cas : un sentiment de manquement, voire de traîtrise.

À la même époque, Zidane conclut sa première saison d'entraîneur au Real Madrid par le glorieux palmarès que l'on connaît. Au sein du discours ambiant, qui célébrait joyeusement le triomphe de Zidane, une déclaration détonne, clairement ambivalente : Didier Deschamps fait observer qu'il est plus facile de gagner quand on dirige une telle équipe de stars[1]. Cette fois, le propos peut difficilement s'habiller de motifs déontologiques ou pragmatiques : venant de Deschamps et mis en regard de l'histoire commune des deux hommes, il prend la valeur crue d'un reniement affectif, le troisième. Sans doute Deschamps a-t-il ses raisons, mais forcément le cœur de Zidane est atteint. Sa réaction reste alors sous le voile de la pudeur et de la retenue, mais en matière de blessure morale, je l'ai mentionné, Zidane n'oublie pas. Dès lors, au moment où Nagui projette de rendre hommage à l'éclatante victoire éclatante de Deschamps en Coupe du monde, il semble logique que Zidane y réponde à sa manière, par le retrait silencieux.

Cette manière, procédant du silence, de l'ombre et du mystère, est celle qui, chez Zidane, a cours dans la sphère de sa sensibilité affective, dans le registre *yin* de son être. Quand Zidane se sent

---

[1]. Je n'ai pas retrouvé la citation de Didier Deschamps, mais Frédéric Hermel se souvient lui aussi de l'épisode : *Zidane, op. cit.*, p. 148.

Zidane et le féminin

trahi, ou plus exactement offensé, par quelqu'un auprès de qui ses sentiments ne sont pas engagés, la réponse est résolument *yang*, pouvant même aller jusqu'à une certaine violence. Un journaliste sportif m'a raconté une scène considérée, dans le milieu, comme représentative des réactions de Zidane : nous sommes à l'été 2006 et Zidane sort d'un plateau de télévision sur lequel il vient de tenter d'expliquer « le » coup de tête, encore brûlant d'actualité ; fatalement sous tension en de pareilles circonstances, il s'est entouré d'une garde rapprochée faite de la solide présence des siens et s'apprête à quitter les lieux avec eux lorsqu'il avise dans la foule un journaliste ayant émis une opinion défavorable sur son geste. Aux dires du témoin oculaire, Zidane l'aurait attrapé à la nuque, en quelque sorte « par les cheveux », et, collant son visage au sien, lui aurait soufflé un avertissement des plus virils.

Entre le silence blessé, *yin*, et le passage à l'acte vengeur, *yang*, nous voyons qu'un couple d'extrêmes cohabite en Zidane, formant un équilibre singulier qui se trouve au principe de cette figure masculine à la fois sensible et puissante.

À l'automne 2018, j'ai eu l'occasion de rencontrer Didier Deschamps et de m'entretenir avec lui. Admirant la volonté hors norme affirmée par sa parole et sa personne tout entière, saisissant que la loi d'airain de cette volonté forge à coup sûr, sous son égide, des compétiteurs soudés, j'ai aussi ressenti à quel point ces deux hommes dégageaient une présence et une force différentes. Dans l'idée d'entrevoir si une «autre scène», scène affective, formait l'arrière-plan d'un tel mental et l'infléchissait parfois, j'ai demandé à Didier Deschamps s'il avait eu le temps d'intégrer les ondes émotionnelles et les significations profondes générées par sa victoire en Coupe du monde. Accessible, sympathique, ouvert à cette question comme à la veine psychanalytique qui la sous-tendait, il m'a répondu qu'il ne s'attardait pas dans ces considérations et que, *mentalement*, il se situait aux temps d'après, celui de l'Euro, mais aussi plus loin encore, celui de ses projets ultérieurs, *réfléchis et anticipés* déjà.

Appréciant sa franchise, j'ai entendu, dans le discours de Didier Deschamps, davantage qu'un simple échange de circonstance : le constant dessein d'ancrer sa position, à ses propres yeux et à ceux du monde, comme celle d'un homme qui, certainement, n'est pas dénué de sensibilité affective ou existentielle mais qui choisit, *sciemment*, de ne pas mettre les émotions aux commandes et d'incarner avant tout un mental digne d'un commando d'élite. «Il pourrait traverser le feu, le mec[1]!», commente plaisamment Philippe Labro. Zinedine Zidane, lui, – le sait-il ? – nous rend son âme présente ; une âme incarnée, cristallisée dans ce corps de puissance en lequel vibrent des énergies multiples et

---
1. *Didier face à Deschamps*, op. cit.

d'innombrables possibles. Didier Deschamps apparaît comme magnifiquement, presque monolithiquement yang ; Zinedine Zidane comme magiquement, presque quantiquement yin et yang.

La trahison, son mal d'amour

À nouveau, c'est le fil du sentiment de trahison que j'ai suivi pour tenter d'appréhender la logique profonde de cet acte si frappant : au faîte de la gloire, Zidane quitte le Real Madrid. L'annonce faite à la presse, le 31 mai 2018, a résonné comme un coup de tonnerre dans un ciel que le monde entier croyait azuréen, au lendemain de cette troisième consécration consécutive en Ligue des champions. Sans doute existe-t-il un faisceau de motifs à pareille décision. Pourtant, chez un homme aussi peu calculateur que Zidane, un homme que les défis et les difficultés n'ont jamais fait reculer, seule la rencontre d'un « impossible à supporter » (terme de Lacan désignant l'extrême de la douleur morale) me paraît de nature à causer un tel acte.

Lors d'une séquence de la conférence de presse, en réponse à la question d'un journaliste, Zidane nous fait le cadeau de laisser filtrer de purs éclats de son monde intérieur : « Il y a eu des bons moments, mais aussi des moments difficiles, oh… et moi je les oublie pas ces moments difficiles […] et si c'est pour vivre une autre saison avec des moments où, à la fin, ça se passe pas bien, non, je ne veux pas ça, moi...[...] ce club, je l'ai dans mon cœur... cette étape se termine, elle s'est terminée bien quand j'étais joueur, elle se termine bien maintenant que je suis entraîneur, et ça sera toute la vie comme ça.» Dans de telles séquences, consenties, le visage de Zidane est comme un livre ouvert dont le langage, d'une beauté et d'une sensibilité infinies, reste pourtant à décoder, parce qu'il demeure toujours nimbé de pudeur et de secret. Entendus à la lettre, les mots et les émotions de Zidane développent la raison du cœur: son histoire d'amour, éternelle, avec le Real Madrid a connu des moments douloureux et il ne veut pas la voir abîmée ou détruite. Par qui ?

S'il s'agissait de Florentino Pérez, à cause de conflits ou d'un défaut de soutien par exemple, Zidane n'aurait certainement pas répondu à son appel au secours, neuf mois plus tard. En outre, la déclaration par laquelle il a annoncé son retour laisse apparaître un amour intact, pour le club comme pour son président: «Je pense à ce que mon cœur me dit, moi. Et mon cœur me dit de me dire: "Tu t'es bien reposé maintenant, il y a le Président et Madrid qui t'appellent, j'ai envie de revenir, point." La seule chose qui m'anime, c'est que j'ai envie[1].» Relevons cette expression singulière – «mon cœur me dit de me dire» – qui, pour moi, ne procède pas tant d'une redondance maladroite que d'un sens

---
1. Extrait de la déclaration de Zidane à la presse, le 11 mars 2019.

profond, existentiel même, celui d'*un dialogue intérieur* constant entre l'intellect de Zidane et son cœur : *c'est mon cœur qui me dit ce que je dois penser*, énonce littéralement Zidane. Et le savoir du cœur, dûment interrogé, livre sa vérité. Celle-ci ne procède pas du jugement binaire (avantages-inconvénients, bien-mal), mais d'un savoir qui transcende les catégories du mental et vise une justesse globale au plan de l'être. Ici interrogée par Zidane, la voix de son cœur lui a répondu, directement, sans équivoque, qu'il était juste *pour lui* d'écrire une nouvelle page de son histoire d'amour avec le Real Madrid.

Qui a mis à mal l'amour de Zidane ? Si ce n'est le président, c'est donc l'équipe. De fait, Zidane a nommément parlé des joueurs au sein du discours annonçant son départ : « L'équipe a besoin d'*un autre discours*, d'*une autre méthode de travail*, c'est pour ça que je m'en vais [...] C'est aussi pour les joueurs [...] Ce club veut continuer à gagner. Avec moi, cela aurait peut-être été compliqué. C'est le moment de partir. » Dans cette déclaration, les sentiments sont passés sous silence mais la logique est claire : Zidane pense que sa manière d'*être* entraîneur ne rencontre plus ces joueurs.

Pour saisir la signification exacte de sa pensée, il faut se demander ce qui, au-delà de son extraordinaire connaissance du football, caractérise le discours et la méthode de Zidane. À cet égard, les images qui captent son interaction avec ses hommes, au cours des entraînements, des matchs ou dans les vestiaires, sont puissamment révélatrices ; elles témoignent de *l'offrande, discrète mais entière, de sa présence physique.* Dans une posture qui lui est propre, Zidane se tient très souvent debout avec eux au centre d'un cercle qui, certes, est une figure commode pour parler à un collectif restreint, mais qui constitue aussi la configuration la plus rapprochée, la plus unifiante pour que l'énergie de sa présence, ainsi offerte, génère une sorte de communauté tribale, d'essence sacrée. Debout parmi ses joueurs, Zidane apparaît comme le catalyseur de toutes les forces appelées à surgir, comme la source primordiale dont les autres corps renverront les rayons.

Je me souviens particulièrement d'une scène de match, juste avant des prolongations, quand Zidane est venu se placer au milieu de ses joueurs, au contact de leurs corps, comme pour leur délivrer, non pas seulement des instructions, mais véritablement sa force et son feu. L'énergie était presque visible, et j'ai pensé au *Boléro* de Ravel chorégraphié par Béjart : une étoile danse, astre et offrande, au centre d'un cercle d'hommes et l'énergie croît, monte, vibre jusqu'à une intense pulsation collective. J'ai vu le ballet deux fois, interprété par Sylvie Guillem puis par Nicolas Le Riche ; une femme et un homme, chacun à la fois femme et homme au cœur de sa danse, à la fois puissance et amour, irradiante conjonction de yin et de yang.

Zidane et le féminin

Que Zidane engage *pleinement* son corps dans le lien avec ses joueurs peut parfois se trouver masqué par la sobriété d'un style, gestuel et langagier, ne donnant jamais dans l'hystérie ni l'emphase. Mais ce qui ne trompe pas, ce qui étincelle même, c'est le parfait miroir qu'offrent les joueurs à cette pleine présence de Zidane quand ils se donnent totalement sur le terrain, ou quand ils énoncent et mettent en actes leur serment : «Avec lui jusqu'à la mort[1].» C'est cela, le système de Zidane ; un système corps-et-âme.

À l'hiver 2018, au cours de sa troisième saison au Real Madrid, cette magnifique structure semble s'enrayer. Des signes de fléchissement dans l'implication et l'unité de l'équipe apparaissent. Le retard pris sur le rival Barcelone au classement de la Liga exclut presque tout espoir de remporter le championnat d'Espagne. Un classico, auquel j'assistais le 23 décembre 2017 à Santiago Bernabéu, est perdu sans panache. Mais c'est le 24 janvier 2018, dans cette sourde atmosphère de crise, que la trahison

---

1. Une phrase du latéral brésilien Marcelo, énoncée après le quart de finale crucial ayant opposé le Real Madrid au PSG en Ligue des champions, le 14 février 2018, est particulièrement représentative de ce serment : «Le but que j'ai marqué est dédié à Zidane parce que nous sommes *avec lui jusqu'à la mort.*»
De nombreuses déclarations de joueurs ont verbalisé le même pacte, au fil des saisons dirigées par Zidane. À titre d'exemple, Marcelo a déclaré au journal *As*, en février 2019 : «Moi, je donnais tout pour lui, je courais, je me battais, je jouais blessé. *J'ai pratiquement donné ma vie pour Zidane.*» Et le capitaine Sergio Ramos, en conférence de presse, le 21 octobre 2019, à la veille d'un match essentiel contre Galatasaray : «Tout le monde sait que *le vestiaire est à la vie à la mort avec Zizou.*»

éclate : une équipe de stars fantôme laisse filer le quart de finale de la Coupe du Roi et permet, face à Leganés, une impensable défaite qui vient frapper de plein fouet son entraîneur. À la blessure morale de Zidane, évidente dans les mots implacables qu'il applique à son équipe et à lui-même, s'ajoute le caractère insoutenable de certains propos publics, à l'instar de ce titre du journal *Marca* : « *Gesta y bochorno* », l'exploit et la honte.

Là réside, à mon sens, *l'impossible à supporter*, la pointe acérée de la trahison : avare de ses efforts, divisée par l'individualisme de certains, blasée, cynique peut-être, l'équipe du Real Madrid fait honte à Zidane et déshonore son amour. À la lumière de cette hypothèse, extrayons les mots-clés de la parole de Zidane – « L'équipe a besoin d'un autre discours, d'une autre méthode de travail, c'est pour ça que je m'en vais [...] pour les joueurs [...] » – et proposons une formulation sans voile : « À cette équipe correspond désormais un autre discours que celui de l'amour, une autre méthode de travail que celle de l'union sacrée ; c'est pour ça que je m'en vais, *à cause* des joueurs. »

Cette dignité dans l'amour, inhérente à la sensibilité de Zidane, m'évoque celle qu'a chantée Charles Aznavour, orfèvre des sentiments humains : « Il faut savoir quitter la table lorsque l'amour est desservi. Sans s'accrocher l'air pitoyable mais partir sans faire de bruit. Il faut savoir cacher sa peine *sous le masque* de tous les jours. Et retenir les cris de haine qui sont les derniers mots d'amour » – à condition d'entendre ce que signifie ici *l'amour desservi;* non que les joueurs aient retiré leur amour à Zidane, mais leur trahison du pacte sacré a desservi l'amour de Zidane, a nui à cet amour au point que *lui* se retire. Dans ce renversement volontaire de la passivité (de l'homme trahi) en activité (de l'homme qui part) se manifeste l'équilibre intérieur grâce auquel Zidane sait préserver sa virilité des risques de sa sensibilité. Bien sûr, il est inconcevable que Zidane livre à ciel ouvert, en conférence de presse par exemple, une expérience aussi intime, « quelque chose de si précieux et fragile ». Comme Nietzsche, comme Aznavour, Zidane connaît, en pareil cas, toute la valeur du masque.

Sa manière d'aimer : totale

Lors de tels accidents affectifs, Zidane éprouve ce fait que l'autre – *l'autre* même proche – peut n'épouser que partiellement sa cause et placer d'autres considérations au-dessus du dévouement total. Que Zidane vive cette relativité si douloureusement se saisit très bien si nous la mettons en regard, non pas de la gravité objective des faits, mais de la manière subjective qu'a lui, Zidane, d'aimer : *absolue.*

L'aimé(e) est Tout pour lui

Quand Zidane aime, un père, une idole, un ami, une femme, ou des entités abstraites et symboliques comme le football, la Coupe du monde, la France, *l'aimé(e) devient Tout pour lui.*

À propos de son père, objet du chapitre précédent, j'ai cité cette expression, si entière, qu'a eue Zidane : « C'est là que j'ai eu la première larme parce que mon père me touche. C'est notre… ». Zidane suspend sa phrase, comme s'il était face à un réel plus grand que les possibilités du langage ; puis il fait un geste de la main traçant une sphère qui signifie finalement : « Il est Tout[1]. »

De même, c'est une véritable atmosphère de passion qui entoure le joueur uruguayen Enzo Francescoli, éternel modèle de Zidane, constant objet de ses témoignages ardents : une photo du Prince, ainsi nommé pour la noblesse de son jeu comme de sa conduite, était présente dans la chambre qu'enfant, Zidane partageait avec l'un de ses frères ; Enzo fut le prénom choisi pour son premier fils, né en 1994 ; le maillot de l'idole, reçu en cadeau à l'hiver 1996 quand les deux hommes se sont enfin rencontrés[2], s'est trouvé chéri comme un

---
1. Émission *Téléfoot*, septembre 2017.
2. La rencontre a lieu sur un terrain de football, à Tokyo, lors de la finale de la Coupe intercontinentale gagnée par la Juventus de Turin face à River Plate, club argentin qu'a retrouvé Enzo Francescoli après ses années de gloire européenne (notamment à l'Olympique de Marseille, au début des années 1990).

trésor ; et en août 2000, au gala annuel de l'UEFA, Enzo Francescoli a recueilli le suffrage de Zidane lorsque l'assemblée a procédé à l'élection du meilleur joueur du siècle[1]. Ce dernier geste met singulièrement en lumière ce que signifie pour Zidane un amour total. Lors de la prestigieuse cérémonie, Zidane est déjà au sommet de la hiérarchie du football mondial, étoile de la Juventus de Turin, meilleur joueur de l'Euro 2000, courtisé par le président du Real Madrid. S'agissant des quelque cent nominés au titre de joueur du siècle, Pelé et Maradona occupent d'évidence la tête de liste comme les débats du jury. Dans ce contexte, seule la raison du cœur, mise au-dessus du jugement rationnel, a pu porter Zidane à ce vote en faveur d'Enzo Francescoli – et ce n'est pas déprécier le joueur que de souligner cela, tant l'adoration de Zidane fait au contraire de lui un élu entre tous. En 2002, Zidane déclare : « Mon meilleur souvenir c'était quand je regardais l'OM et que je voyais mon idole, Enzo Francescoli, ne serait-ce que pour son élégance : il était beau à voir jouer. » Puis, à propos de leur rencontre à Tokyo et du cadeau réciproque de leur maillot : « C'était quelque part un rêve qui se réalisait, j'ai même dormi avec. Et à chaque fois que je parle de lui, ça me procure des frissons. J'ai appelé mon fils Enzo en son honneur,

---

[1]. Ces quatre faits sont rapportés dans J. Philippe et P. Fort, *op. cit.*, p. 117, 133, 202.

parce que c'était vraiment ma star à moi, *il était Tout pour moi*[1]. »

Tout était aussi, au moment où il l'a vécue, l'ultime Coupe du monde de Zidane, cette édition 2006 si ardemment désirée, pour une fin en beauté : « Je rentre sur le terrain, je me dis : je veux être champion du monde […]. Finir sur le Mondial, c'est le symbole de ce que j'ai réalisé jusqu'à maintenant […]. Durant ce mois et demi, je me suis régalé d'une force ! […] *Pour moi, c'était Tout*[2]. » De même, Zidane a souvent dit : « Ma famille et le football : *c'est Tout pour moi*. » Nécessairement incluse dans cette dernière phrase, la femme de Zidane fait pourtant l'objet d'une formulation un peu différente : « Je lui dois tout. » Nous y reviendrons au chapitre suivant, consacré à son mariage.

Ainsi entendue, cette addition de « tout » peut ressembler à une approximation langagière : comment plusieurs choses seraient-elles chacune « tout » pour Zidane sans s'exclure entre elles ? Sonder longuement son monde intime m'a révélé ceci : il est toujours fructueux d'écouter Zidane au plus près de sa parole car, même lorsque certaines de ses phrases paraissent relever d'une expression orale imparfaite, elles recèlent toujours une justesse subjective, une véritable cohérence au plan de l'être. Ici encore, nous constatons que la logique s'y

---

1. Déclarations reprises le 25 février 2019 sur les réseaux sociaux après la diffusion d'un reportage consacré à Enzo Francescoli.
2. A. Delaporte et S. Meunier, *op. cit.*, les suppléments.

Zidane et le féminin

retrouve si nous prenons le «tout» non pas du côté de l'objet, mais du côté du sujet. Quand «le sujet de l'énonciation» (comme le désigne Lacan), Zidane donc, déclare: «il, elle, est tout pour moi», il ne veut pas dire, au moment où il parle, qu'il n'aime que son père, que Francescoli, que la Coupe du monde, que le football et sa famille. D'évidence, Zidane fait exister simultanément ces différents objets d'amour, essentiels à sa vie, mais il affirme que, dans le lien qu'il noue avec chacun d'eux, il engage *tout son être;* toute ressource, toute vibration de son espace intérieur est mise au service de son amour.

Il aime «pour la vie»

Absolue dans l'espace, la manière d'aimer de Zidane l'est aussi dans le temps: *«pour la vie»*, expression adjointe à toutes les déclarations d'amour connues de lui, marque son désir d'éternité et son plein engagement dans un vœu de fidélité que seule la trahison peut rompre. Bien au-delà d'une simple sensibilité romantique, *«pour la vie»* me semble avoir, pour Zidane, le statut d'une formule sacrée dotée d'une forme de pouvoir spirituel. Rappelons à cet égard que fidélité et foi ont la même racine latine: *fides*, ce substantif si riche qui signifie à la fois *fidélité* (loyauté, droiture), *authenticité* (vérité, sincérité), *assurance* (gage), *confiance* (espérance) et *foi* (croyance en une personne, croyance en Dieu). Quand Zidane aime, il fait don de sa foi.

Ainsi, le faire-part de son mariage avec Véronique annonçait, en 1994 : « Véro et Zizou ont décidé de s'unir pour la vie[1] » ; ses messages écrits à ses proches (une dédicace de livre par exemple) portent souvent la mention : « une amitié pour la vie » ; son entourage sait qu'un vrai lien avec Zidane s'inscrit sous le signe de l'indéfectibilité : « Quand on est bien avec lui, c'est pour la vie[2] », a déclaré Patrick Dessault, journaliste à *France Football* ; et le Real Madrid a maintes fois reçu le gage verbal de l'éternel amour de Zidane : « Ce club je l'ai dans mon cœur [...] ça sera toute la vie comme ça[3]. »

Dire que la manière d'aimer de Zidane est totale conjoint plusieurs faisceaux de signification. Il y a le Tout, au sens de *l'intégralité* : l'aimé(e) fait l'objet d'un engagement complet de la part de Zidane ; l'ensemble des énergies de son être et la perspective d'une vie entière sont investis dans le lien. Et il y a le champ du Tout au sens de *la complémentarité* : l'amour de Zidane est *yang* en ce qu'il procède d'un puissant élan de *don*, d'un mouvement passionnel *en expansion*, cherchant sans cesse à se déployer dans l'espace et le temps ; il est *yin* en ce qu'il appelle à *recevoir* en retour un même amour,

---
1. J. Philippe et P. Fort, *op. cit.*, p. 112.
2. B. Lahouri, *op. cit.*, p. 177.
3. Conférence de presse du 31 mai 2018.

et constitue, pour Zidane, un lieu d'*enracinement*, de *calme*, et de *sécurité* profonde.

Le féminin le plus caché en lui : sa demande d'amour

Fait remarquable pour un homme aussi pudique que Zidane, il ne masque aucunement la manière absolue qu'il a de *se donner* dans l'amour. «*Il, elle, est Tout pour moi*», et «*pour la vie*» en sont des expressions limpides, qui délivrent ouvertement l'émotion de Zidane autant qu'elles suscitent celle de l'auditoire, touché par une telle pureté de cœur. Pourquoi ce dévoilement ? Parce qu'à mon sens, le masque se trouve ailleurs, au point précis où Zidane n'est pas dans la puissance du don, si créateur pour lui, mais dans *la fragilité de la demande*, cette demande d'amour qui, en lui, se devine comme infinie (au double sens d'*incommensurable* et d'*inachevée*), le place sous la régence du désir de l'autre et le suspend à sa réponse.

Le drame affectif originel de Zidane – c'est la thèse du chapitre précédent – se trouve dans sa demande d'amour, passionnelle, inextinguible, et au fond impossible, envers son père ; ce père qui place sa tendance à l'appropriation (du savoir, du destin de ses enfants) au-dessus de l'effacement dans le don, et se refuse à répondre pleinement. Sa pleine fierté, sa pleine reconnaissance, son plein amour, Smaïl Zidane ne les lui donne pas, laissant son fils comme accroché à une demande que celui-ci tente alors de faire aboutir dans d'autres liens ardemment investis : ses pères de substitution, ses coéquipiers, à présent ses joueurs, le football, la France, et même le monde. Que le mécanisme demeure inconscient, pour le père comme pour Zidane, est précisément ce qui lui donne sa valeur tragique : à défaut de pouvoir élaborer consciemment les choses, l'être humain les répète à son insu, dans des scenarii potentiellement douloureux dont il ignore et la source et l'enjeu.

Ici réside ce qui, au plus secret de son être, féminise *affectivement* Zidane : la fixation au père (aussi appelée par Freud «œdipe inversé») dans une demande d'amour irrésolue, qui jette alors le fils dans *la répétition de cette demande*, si bien que chaque nouvel amour se présente comme un amour de plus, soumis à la même quête et passible du même manque. Arrêtons-nous un instant sur cette délicate notion de *féminisation*, qui ne signifie aucunement un défaut objectif de virilité, physique ou mentale, mais touche à un ressort intime de l'âme, là où l'enfance a laissé une marque. Par féminisation, il faut entendre qu'il existe chez Zidane, au sein des multiples tendances qui constituent son monde psychique, une position dite féminine parce qu'héritière de la passion originelle (œdipienne) pour le père. Cette passion n'ayant pu connaître d'issue, la position féminine se maintient dans la vie psychique, et s'exprime dans une demande d'amour abyssale, qui constitue alors un point de fragilité affective, car elle comporte le risque de livrer la sensibilité de Zidane à la blessure morale ou au sentiment de trahison chaque fois que cette demande, se heurtant à l'aléa de l'autre, ne peut aboutir totalement *et* durablement. Dès lors, elle ouvre en lui une faille que, très légitimement, Zidane soustrait aux regards.

Toute la noblesse du masque, quand il est le fait d'un homme aussi profond que Zidane, consiste à ne pas donner dans le mensonge, mais à voiler une vérité «précieuse et fragile» (pour reprendre les termes de Nietzsche) sous une autre vérité, corrélée à la première, aussi authentique mais moins dangereuse. Aussi Zidane renverse-t-il la blessure en retrait volontaire, je l'ai dit, mais également la demande en don : je subis le manquement ou la trahison de l'autre mais c'est moi qui décide de partir ; j'aspire éperdument à être aimé par un(e) autre qui se donnerait totalement à moi, mais c'est mon don d'amour absolu à l'autre que je laisse s'exprimer.

Quelques signes de la vérité soustraite filtrent pourtant. Le premier, touchant autant que discret, procède de l'effet qu'exerce sur l'autre la demande d'amour silencieuse de Zidane : de nombreux proches, hommes et femmes (mère de la famille d'accueil de sa jeunesse, coéquipiers, amis, entraîneurs, et jusqu'au président Chirac), ont ressenti l'irrésistible envie de *le protéger*. Zidane lui-même l'a observé : «Tous les gens que j'ai rencontrés ont voulu m'aider[1]. » Et Marcello Lippi, entraîneur de la Juve lors de l'arrivée de Zidane, a déclaré : « Il était impossible en voyant Zizou de ne pas l'aider, de ne pas l'aimer [...] et le protéger[2]. » Certes, tout adulte est spontanément porté à protéger le trésor qu'incarne un enfant aussi richement doué, mais, plus irrésistiblement encore, il est porté à protéger un être qui, des plus grandes profondeurs de son âme, appelle la sécurité de l'amour.

Le deuxième signe me paraît contenu dans ce trait, si caractéristique de Zidane, qu'est *son humilité*. Que celle-ci s'explique par une noblesse naturelle et les mérites de l'éducation reçue est certainement exact ; mais je vois aussi une corrélation logique entre le fait que Zidane ait tellement besoin d'être entouré d'amour et le fait qu'il adopte une position humble, propice à l'obtenir : qui aurait envie d'aimer un homme plein d'orgueil et affichant n'avoir besoin de rien ?

Enfin, plus qu'un signe, il existe une expression explicite, une seule dans tout ce que j'ai pu lire et entendre, de cette demande d'amour infinie nouée au cœur de son être ; elle s'attache à sa femme et se trouve dans une déclaration faite par lui en 2006, au cours d'une conversation avec le journaliste Frédéric Hermel : « Quand je l'ai rencontrée, je me

---

1. P. Elkaïm et L. Goldschmidt, *op. cit.*
2. *Ibid.*

serais jeté du haut d'un immeuble. Pour elle, pour qu'elle m'aime[1]... »

Tout *pour qu'elle m'aime...* Tout *pour qu'il soit fier de moi*. Poignante résonance : une épouse et un père, pour une même demande d'amour. Éperdue.

---

[1]. F. Hermel, *op. cit.*

CHAPITRE 3

Le mythe conjugal de Zidane

« La vérité a structure de fiction[1]. »

Aucune vérité humaine profonde, comme celle d'un mariage, ne peut être totalement livrée dans un discours. La vérité se soustrait toujours, pour part, à la formalisation. Ainsi, le langage usuel parvient à rendre compte d'une vérité objective, factuelle, mais il ne pourra jamais dire, entièrement et définitivement, ce qu'il en est du réel de l'âme. C'est à cette éternelle limite que répond le mythe : face à la chose impossible à dire est produit *un récit*, qui tente de la représenter de façon *imaginaire* ; sorte de *scenario* mettant la chose en scène, au moyen d'éléments fantasmatiques mêlés aux faits réels. Pour Lacan, le fictif n'est pas ce qui se veut trompeur par essence, mais ce qui recourt au semblant pour s'approcher de la vérité. Comme le pose son étymologie – du latin *fingere*, qui signifie *façonner*

---

1. *Lituraterre*, de Jacques Lacan, dans *Autres écrits*, Seuil, 2001, p. 19.

et, par extension, *inventer, feindre* – la fiction est une invention ordonnée, qui travaille une matière et lui donne une forme structurée. Aussi le mythe n'est-il jamais aléatoire ni désorganisé. Constituant une forme, langagière, de masque, le mythe a la double fonction de parler d'une chose humaine et d'en voiler les contradictions ou zones sensibles grâce à l'habillage cohérent du récit. À la différence des autres formes de fictions, le mythe est appelé à entrer dans la culture collective, car il exprime, de façon imagée ou stylisée, les relations fondamentales caractéristiques d'un certain *mode d'être* humain dans un contexte ou à une époque déterminée. Ce que j'ai appelé le mythe conjugal de Zidane est la manifestation publique de son mode d'être dans le mariage.

Sa femme, son socle

L'un des éléments fondamentaux du mythe conjugal de Zidane réside dans une assertion, fermement instituée au sein du discours ambiant: *sa femme Véronique est son socle, son pilier*. Véhiculée par de nombreux articles publiés dans la presse ou sur les réseaux sociaux – « Derrière chaque homme se cache une femme. Véronique est le pilier de la famille Zidane[1] »; « Ils se sont construits ensemble. Et

---
1. *Voici*, 17 juin 2018.

Le mythe conjugal de Zidane

très vite, Véronique Zidane devient indispensable à son mari[1] »; «Aux heures de gloire comme à chaque coup dur, c'est sur elle qu'il s'est appuyé[2] » – cette assertion se trouve également mise en majesté dans la dernière biographie de Zidane, pourtant écrite par un journaliste sportif, qui a choisi d'ouvrir son livre sur un chapitre intitulé: «Véronique, le socle de sa vie[3] ».

De fait, Zinedine Zidane a rencontré Véronique Fernandez alors qu'il n'avait que 18 ans, l'a épousée à 22 ans, a fondé avec elle une grande et belle famille, s'est entouré de cette famille à chaque étape de sa trajectoire, et a fêté son vingt-cinquième anniversaire de mariage en 2018. Compagne de toute sa vie d'adulte et figure de mère dévouée pour leurs quatre fils, il semble naturel que Véronique soit célébrée comme incarnant une assise stable pour Zidane: le socle, comme le soc avec lequel il partage la même racine latine (*soccus*, la sandale), a d'abord une signification concrète, celle d'une base, formée d'une matière solide et qui touche à *la terre*, cette terre à la fois vivante et constante, grâce à laquelle l'être humain se sent *relié* et *sécurisé* dans l'univers.

Ce qui interroge, en revanche, tient à deux autres assertions associées à la première, impressionnantes par leur caractère radical, voire dramatique.

---
1. *Gala*, 22 août 2018.
2. *Paris Match*, 14 juin 2018.
3. F. Hermel, *op. cit.*, p. 21.

L'une affirme : *Véronique s'est sacrifiée pour son mari* (en renonçant à une carrière de danseuse professionnelle). L'autre statue : *sans Véronique, Zinedine Zidane n'existerait pas.*

Le thème du sacrifice

À l'été 1992, Zidane a 20 ans, vit en couple avec Véronique et, de brillant espoir à l'AS Cannes, devient professionnel à part entière au sein des Girondins de Bordeaux. Véronique l'a suivi, et cette décision constitue le point de réalité à partir duquel le thème du sacrifice s'est formé, puis développé dans le discours public.

Au sein de la biographie de Zidane publiée en 2002, l'arrivée du couple à Bordeaux est ainsi relatée : « Ils ne l'ont pas voulu ainsi, mais Véronique et Yazid sont, par la force des choses, isolés dans un nouveau monde. Avec un nouveau défi à relever. Lui doit faire carrière, tandis qu'*elle a renoncé* à la sienne. Et accepte patiemment l'écoulement des journées sans lui[1]. » Le terme de renoncement résonne un peu moins violemment que celui de sacrifice, car un renoncement peut se décider pour soi-même, là où un sacrifice s'accomplit toujours pour l'autre. Cependant, même si cette nuance a son importance dans le regard que portent les auteurs sur l'histoire de Zidane, l'idée que Véronique s'est

---

1. J. Philippe et P. Fort, *op. cit.*, p. 105.

effacée pour son futur mari est ici explicite. En 2008 paraît une autre biographie de Zidane, qui pose tout aussi explicitement : « *Pour cet homme* que rien ne prédestine à la gloire, Véronique *abandonne la danse*[1]. » Dans cette formulation, la notion de désintéressement est ajoutée à celle du sacrifice, l'ascension de Zinedine étant ici considérée comme impossible à prédire, y compris pour Véronique. En 2019, Frédéric Hermel livre une interprétation différente du même épisode : « Bordeaux découvre un immense footballeur et Véronique s'installe dans le rôle d'épouse et bientôt de mère. Le dévouement et *la foi en son homme* sont tels qu'elle met de côté ses rêves de danse. *Elle aussi possédait le talent*, elle aussi méritait de réussir dans son art après avoir quitté la fac et ses études de biologie. Et cependant *elle sacrifie tout sciemment* pour un destin qu'elle juge supérieur. Pour suivre Zinedine, pour le soutenir, pour le conseiller, pour l'aimer. Et si c'était Véronique qui s'était, finalement, jetée du haut d'un immeuble[2] ? » Dans cette version, Véronique est présentée comme *une figure puissante* qui possédait le talent (sacrifié), le savoir (quant au destin de Zinedine) et le courage suprême (celui de prendre tous les risques).

En parallèle de ces biographies, au fil de l'actualité du couple, de nombreux médias citent nommément le sacrifice de Véronique : « Véronique

---
1. B. Lahouri, *op. cit.*, p. 138.
2. F. Hermel, *op. cit.*, p. 23.

Zidane : cette passion qu'elle a sacrifiée pour son mari. L'amour peut tout chambouler et même remettre en question des projets si longtemps rêvés. Véronique Zidane en a fait les frais. Elle était très jeune lorsqu'elle a rencontré celui qui deviendra l'homme de sa vie [...] Elle se rêve alors ballerine. Un objectif qu'elle touche du bout des doigts puisqu'elle vient d'intégrer la prestigieuse école de danse Rosella Hightower[1] » ; « En effet, au moment de leur rencontre, Véronique est une danseuse prometteuse *dont la carrière ne demande qu'à décoller...* Mais elle choisit l'amour ! Elle *sacrifie* son avenir professionnel parce qu'elle a foi en Zinedine [...] Et force est de constater que la belle brune a misé sur le bon cheval[2] ! » Au-delà du caractère désagréable, heureusement marginal, de cette dernière phrase, ces citations récentes, prises dans leur ensemble, témoignent d'une véritable montée en puissance, au fil du temps, du thème du sacrifice de Véronique : de plus en plus grand au regard de la carrière à laquelle elle-même aurait été promise, et de plus en plus éclairé car supposé ancré dans la prescience qu'elle aurait eue du destin de Zinedine.

Si nous cherchons à saisir la genèse d'un phénomène qui, autour d'un noyau réel, semble désormais fortement tissé d'imaginaire – que révèlent les faits et que disent les intéressés ?

---
1. *Gala*, 22 août 2019.
2. *Closermag*, 12 novembre 2019.

À 19 ans, époque où elle rencontre Zinedine, Véronique commence seulement à se consacrer pleinement à la danse puisqu'elle vient de passer son bac et d'effectuer une première année de biologie à la faculté de Toulouse. Quand elle intègre l'école cannoise de Rosella Hightower, reconnue comme l'une des meilleures de France, mais qui propose aussi bien une formation professionnelle que des cours amateurs, Véronique est danseuse stagiaire. Indépendamment de la question du talent, ce statut est en soi porteur d'une grande incertitude sur les chances de carrière future si l'on considère le fait que, généralement, un danseur devient professionnel à 16 ans et intègre une compagnie dans les deux ans qui suivent, pour se produire sur scène. Par ailleurs, quand Véronique quitte Cannes pour accompagner Zinedine à Bordeaux, elle rejoint une ville en laquelle la tradition de la danse est ancrée et son évolution vivace ; autant d'opportunités pour les professionnels en devenir comme pour les amateurs passionnés. Possédant l'une des plus prestigieuses compagnies professionnelles françaises, Bordeaux a toujours collaboré avec des figures majeures de la danse et vu émerger des talents multiples, comme le splendide danseur et chorégraphe Benjamin Millepied. Né en 1977 à Bordeaux, Benjamin Millepied y a fait une partie de ses classes de danse, classique et contemporaine ; à 16 ans, il a intégré l'école professionnelle du New York City Ballet. Dès lors, affirmer, à partir des différents éléments de réalité associés à la situation de Véronique, qu'elle a fait le sacrifice d'une carrière prometteuse et s'est trouvée dans l'obligation d'abandonner définitivement la danse apparaît comme hasardeux.

D'ailleurs, ce n'est pas la thèse de Véronique elle-même. Grâce à un entretien filmé qu'elle avait accordé à la journaliste Isabelle Giordano à l'époque où son mari intégrait le Real Madrid (à l'été 2001), nous avons accès à sa propre version des faits[1], marquée d'une grande honnêteté. Dès le début de cet entretien, Véronique raconte les circonstances de sa rencontre avec Zinedine, sans évoquer ni carrière artistique prometteuse ni sacrifice : « J'ai connu Zinedine à Cannes. *Je faisais à l'époque une école de danse*. On s'est connus dans une cafétéria. On s'est croisés. Depuis, on a formé une famille. » Quand Isabelle Giordano interroge son rapport à la danse – « Vous vouliez être danseuse... C'était une vocation ? » – Véronique maintient qu'elle suivait simplement un cours de danse, et n'était pas encore professionnelle : « Disons que j'avais commencé la faculté de biologie à Toulouse après avoir passé mon bac, mais je me voyais mal travailler dans un laboratoire, finalement je suis trop sensible pour ça, donc, j'ai décidé d'arrêter, de *faire un cours de danse* à Cannes et donc *j'ai changé de programme*. Après, j'ai connu Zinedine, et *je n'ai toujours pas fini mes études*. »

---

[1]. Cet entretien a été intégré au documentaire *Comme dans un rêve*, op. cit.

Isabelle Giordano questionne alors la vision que pouvait avoir Véronique du destin de Zinedine : « Si on vous avait dit que vous seriez mariée à quelqu'un de très connu, comment vous auriez réagi, vous ne l'auriez pas cru ? » À rebours de l'idée de prescience, de foi ou de pari, Véronique exprime une forme de réticence, et même de résistance, au destin hors norme de son mari : « Non. *Moi je rêvais d'une vie tout à fait normale* et d'ailleurs j'essaie aujourd'hui de mener une vie aussi sereine et tranquille, comme tout le monde en fait. » Isabelle Giordano revient alors sur l'abandon de la danse – « Vous êtes nostalgique, la danse vous manque ? » – et Véronique répond en établissant clairement la signification qu'a pour elle la danse : « Oui ça me manque quand même. C'était une passion *aussi*. J'adore la danse *et faire du sport* pour m'exprimer parce que je suis assez réservée donc, dans la danse, je me donnais à fond, je m'exprimais par la danse en fait, mais j'essaie quand même dès que je peux de faire du sport, de me défouler et de danser à la maison, souvent, on met de la musique et on danse tous ; on s'éclate. »

Plus avant dans l'interview, Isabelle Giordano introduit ce terme de pilier qui, dans le discours public, caractérise la figure de Véronique : « Vous avez l'air très forte […] Vous avez l'impression d'être le pilier de la famille, il [Zinedine] se repose sur vous ? » Cette fois Véronique confirme, et livre son interprétation de la causalité présidant à la réussite de son mari : « Oui souvent. Dès que ça ne va pas, dans les moments difficiles, on prend un avion, on va à la campagne tous les quatre… c'est important pour lui de se retrouver en famille et d'oublier le public, les caméras. En fait, *je pense que son succès ça vient de son équilibre familial.* »

Rien sans elle?

Le 8 novembre 2019, Frédéric Hermel, interviewé par Yahoo Sport à l'occasion de la sortie de son livre[1], raconte un échange qu'il a eu avec Zidane: «Quand je lui ai montré le livre […] je lui ai dit: "Je commence par ta femme […] le sentiment que j'ai après t'avoir écouté et avoir parlé à tes proches, c'est que sans Véronique, il y a pas Zizou. Il y a sûrement un très bon footballeur, mais il y a pas Zizou." Et là *il me dit: "Sans elle, il y a rien."* Sans elle, il y a rien! Il lui doit tout! On parle souvent de la grande femme derrière le grand homme, mais là il y a une personne qui a bâti la carrière de Zizou.» Le journaliste de Yahoo Sport appuie: «Ce qui est formidable, c'est qu'il l'a reconnu tout de suite?»; et Frédéric Hermel accentue encore: «Ah mais complètement!»

Dans cette séquence, Véronique est imaginairement assimilée à une figure de femme toute-puissante, posée comme apte à *générer Zizou ex nihilo*. Frédéric Hermel n'est pas le seul à concevoir

---

1. F. Hermel, *op. cit.*

Zinedine Zidane comme créature ou création de Véronique : « Son adjoint et ami proche, David Bettoni, qu'il connaît depuis leurs 15 ans, le dit : "Sans Véro, il n'y a pas de Zizou"[1]. »

Pour prendre la mesure de cette sidérante assertion et saisir comment elle a pu devenir un trait du mythe conjugal, il faut entendre que Zidane lui-même la confirme – *sans elle, il n'y a rien* – et la renforce par une autre, plusieurs fois énoncée par lui à propos de Véronique : « *Je lui dois tout.* »

Derrière l'épouse, le visage du père

Comment l'étoile aujourd'hui la plus brillante du football mondial, comment l'artiste qui a façonné son corps, son talent, son aura même, aux sources de son âme, comment l'être qui est devenu Zinedine Zidane, tendrement dit Zizou – comment cet homme en est-il arrivé à concevoir pareille dette, une dette qui l'avale tout entier et qui, potentiellement, le ravale à l'état de « rien » ? Ainsi posée et dans l'esprit qui l'anime, ma question ne fait nullement offense à Véronique Zidane, à ses qualités et sa place essentielle, forcément réelles. Située dans un tout autre plan que celui du jugement et de l'attribution des mérites, elle fait appel aux profondeurs de l'âme, là où s'impriment ces marques originelles qui forment le sillon des croyances

---

1. Interview publiée par le journal *La Montagne*, 5 novembre 2019.

humaines les plus puissantes: *Zidane croit qu'il doit tout à sa femme parce qu'il croyait déjà qu'il devait tout à son père.*

La réplique de la dette envers le père

Au cours de l'interview pour l'émission *Téléfoot* déjà citée[1], le journaliste Christian Jeanpierre rappelle à Zidane que celui-ci avait spontanément choisi, en 1995, de mettre sa femme en lumière, à travers cette déclaration: «Elle fait pas mal de choses pour moi. Elle est un petit peu mon équilibre.» Zidane lui répond alors (en 2017): «Aujourd'hui, sachant qu'elle est toujours mon épouse, c'est beau. C'est beau, finalement. Finalement, j'avais raison de parler de ce thème. Parce qu'aujourd'hui, on est toujours ensemble, on a fait notre vie ensemble. Nos chemins sont complémentaires et c'est ça qui est magnifique, en fait. Quand vous formez une famille, quand vous construisez ça, vous essayez de le faire pour la vie, et quand ça marche, quand ça le fait, c'est beau. Il n'y a pas de filtre entre nous. Tout se dit, tout se fait, et c'est beau. Parce que oui, je lui dois tout.»

Que révèle Zidane de son couple si nous l'écoutons à la lettre? En 1995, après quelques mois de mariage et trois saisons à Bordeaux, Zidane rend hommage à une épouse attentive («elle fait pas mal

---

[1]. , *Zidane à cœur ouvert*, septembre 2017.

de choses pour moi») qui, pour lui, représente bien un socle, porteur de stabilité et de sécurité («elle est un petit peu mon équilibre»). Clair autant que pudique («pas mal» et «un petit peu» procédant à mon sens de cette pudeur et non d'une quelconque minoration), son propos sonne comme joyeux, naturel, en ligne avec la situation du couple à l'époque.

En 2017, vingt-trois ans de mariage, quatre naissances et trois intégrations à de nouveaux lieux géographiques ayant été vécus ensemble, Zidane centre son discours sur cette longévité féconde et souligne à cinq reprises: «c'est beau». La beauté qui pour lui est une valeur si essentielle (nous y reviendrons au chapitre 4), où la situe-t-il s'agissant de son mariage? La référence, insistante, prend ici tout son sens si nous entendons que Zidane parle de son couple comme d'*une œuvre;* une œuvre qui, avec du *deux*, a réalisé de l'*un:* deux êtres et deux chemins, venus se compléter et s'unir pour faire une vie, une famille. Entre les lignes de l'idée d'union se lit aussi *un idéal fusionnel* – «Il n'y a pas de filtre entre nous, tout se dit, tout se fait» – en vertu duquel Zidane soutient que la transparence intégrale et la connexion parfaite existent dans le couple. En contradiction avec cette foi s'affirmant comme totale, le discours de Zidane relève d'une logique de *démonstration* quand il apporte à six reprises une sorte de preuve finale qui, pour lui, n'était nullement acquise d'avance; il se trouve que le couple a duré, donc j'avais raison d'y croire, dit-il en substance : «C'est *toujours* mon épouse»; «on est *toujours* ensemble»; «c'est beau, *finalement*»; «*finalement*, j'avais raison de parler de ce thème»; Vous *essayez* de le faire pour la vie»; «*quand* ça marche, c'est beau.»

Dans l'inconscient, lieu de notre vérité subjective la plus intime, ce qui procède de l'évidence ou de la ferme croyance produit peu d'élaboration consciente et ne se manifeste quasiment pas dans le langage. L'exemple le plus radical en est donné par Freud quand il observe que «dans l'inconscient, chacun de nous est persuadé de son immortalité[1]». Dès lors, nous considérons l'état de vie comme allant de soi et rabaissons la nécessité de la mort au rang d'un accident fortuit. Cette attitude à l'égard de la mort ainsi établie, personne n'éprouve le besoin d'affirmer sans cesse : «Aujourd'hui, je suis encore vivant». En revanche, lorsqu'une violente épreuve de réalité, tels une série de catastrophes, un accident ou une maladie en propre, vient balayer l'insouciante certitude et rappeler à l'homme son destin de mortel, son discours témoigne d'une question passée à la conscience. Alors, des formulations comme «je suis toujours en vie, c'est beau» laissent filtrer cette question ainsi que les émotions lui étant liées, l'obscur sentiment d'angoisse mêlé au soulagement d'avoir évité le pire.

---
1. *Considérations actuelles sur la guerre et la mort*, de Sigmund Freud, dans *Essais de psychanalyse*, Payot, 2001, p. 32.

Ainsi, quand Zidane dit et répète, dans une atmosphère de sérieux à n'en pas douter sincère : «on est toujours ensemble, c'est beau finalement», j'entends que le couple a certainement connu un ou plusieurs chocs de nature à le mettre en péril, que Zidane s'en est trouvé massivement angoissé, qu'il demeure déterminé à garder ces épisodes secrets, et que, son mariage ayant survécu, il en conçoit un profond soulagement et une forme de gratitude. «Je lui dois tout», qui conclut ici son énonciation, résonne alors comme un témoignage de reconnaissance envers celle qui, malgré les épreuves, a œuvré avec lui, non seulement à la durée du couple mais aussi au *mythe de l'immuabilité conjugale*.

Reconnaissance finale envers sa femme donc, mais pas seulement. En effet, «je lui dois tout» est une assertion qui, dans le discours de Zidane, avait émergé de longue date (en 2001, Isabelle Giordano la cite déjà[1]). Dans son caractère, absolu, de vérité première, cette croyance frappe car elle se présente exactement sous les mêmes traits que celle attachée à la figure du père : derrière une lumineuse gratitude se profile l'ombre d'une dette, totale et inextinguible, qui s'applique à tout l'être de Zidane et court à jamais. S'agissant de Smaïl Zidane, cette dette s'ancrait dans les sacrifices, bien réels, qu'il avait accomplis pour donner à sa famille les meilleures conditions possible. Dès lors, Zidane a

---
1. *Comme dans un rêve, op. cit.*

intégré les thèmes du sacrifice et de la dette à son mythe individuel, c'est-à-dire à la représentation imaginaire qu'il a de lui-même et de son histoire, puis reproduit ces thèmes dans son mariage : il choisit une femme à laquelle il croit tout devoir, autour de laquelle se crée alors une atmosphère de sacrifice, reprise et amplifiée dans le mythe collectif.

Deux mariages en miroir

Plus frappant encore : l'examen des deux configurations du lien, conjugal et paternel, fait apparaître leur stricte homothétie.

Véronique Zidane dit de son mari : *« je pense que son succès ça vient de son équilibre familial »*. Quant au père, il écrit de son fils : « On a tout dit sur le footballeur Zinedine Zidane [...] sur son style, son jeu subtil [...] sa gestuelle belle comme une chorégraphie [...] pour ce qui me concerne, le regard que je porte sur lui est très différent [...] "*Le travail, le sérieux, le respect*, c'est ce qui m'a porté", répond Yazid à ceux qui lui demandent *les secrets d'un tel succès*. Un jour, il ajoute même : "Quand je joue, je pense souvent à mon père" [...] *Il n'a pas oublié la leçon*[1]. » Pour sa femme, le succès de Zinedine Zidane est causé par l'équilibre familial dont elle est désormais le pilier ; pour son père, la clé de

---

[1]. S. Zidane, *op. cit.*, p. 196.

ce même succès réside dans l'éducation dispensée à son fils. Et dans les deux cas, Zidane fait la thèse sienne, consentant à ce que son père puis sa femme s'approprient son succès.

Stupéfiant reflet de ce schéma redoublé, le mythe conjugal développé autour de Zidane raconte l'histoire d'une épouse ayant repris le flambeau de la puissance paternelle. Dans le cadre de la parution de son livre, deux journalistes interrogent Frédéric Hermel[1] : « Peut-on penser que le Yazid de la Castellane ne serait pas devenu le Zizou national sans elle (Véronique) ? » Et Frédéric Hermel répond, accentuant encore la fiction véhiculée par le discours ambiant : « C'est une évidence. *Sans son père et sa femme, Zizou n'aurait pas existé*. Il aurait été sans doute un footballeur professionnel grâce à son talent, mais il n'aurait jamais eu un tel destin. »

Zinedine Zidane *sans doute* footballeur professionnel, *un* parmi d'autres, mais *jamais* l'homme qu'il est devenu, s'il n'y avait eu un dieu-père suivi d'un dieu-femme ? Qui pourrait soutenir une thèse aussi ahurissante, si celle-ci n'avait une origine mystérieuse et profonde, plus active que la simple intelligence des choses ? Je fais l'hypothèse que cette origine est l'inconscient même de Zidane, porteur d'une vérité cachée, refoulée dit la psychanalyse, qui fait retour dans le mythe : *Zidane a choisi une*

---

1. *La Montagne, op. cit.*

femme présentant des traits identiques à ceux de son père.

Cette vérité procède de deux circuits psychiques dont j'ai exposé la logique dans le chapitre précédent. Le premier, commun à tout homme, est la strate de l'identification : l'amour originel pour le père conduit le garçon à s'identifier à lui ; *il prend le père comme modèle viril* et reproduit certains attributs de sa personnalité ou certains de ses actes, comme celui du choix d'une femme. Le deuxième circuit, plus inconscient et ne concernant pas tous les hommes, est celui d'un amour excessif appelé par Freud «cercle de la fixation au père» : dans une configuration œdipienne inversée, la passion pour le père (plutôt que pour la mère) amène le garçon à *faire du père son principal objet d'amour* et à vouloir être aimé de lui en retour, ce qui suspend le garçon devenu homme à une demande d'amour infinie envers ce père. Cette demande, psychiquement féminisante, toujours attachée au père réel tant qu'il vit, est simultanément transférée sur des substituts ou héritiers de la figure paternelle.

Dès lors, il apparaît que Zidane a conçu son couple *côté père*, à la fois au plan de l'identification et au plan de l'œdipe inversé : il s'identifie à son père par un mariage répondant aux mêmes caractéristiques ; et il reste fixé à son désir d'être aimé du père en se dirigeant vers une femme porteuse de traits paternels fondamentaux. Dans cette configuration psychique, la mère semble inexistante, ce qui est loin d'être le cas. Je crois que Zidane a, avec sa mère, un lien si profond qu'il porte, au cœur de son être, des ressemblances et un amour qui constituent son trésor vital originel – je développerai cet aspect dans le dernier chapitre, intitulé «Le pouvoir de mutation de Zidane».

Au plan de l'identification au père, la ressemblance entre le mariage de Smaïl et Malika, d'une part, et celui de Zinedine et Véronique, d'autre part, est troublante, et repose sur des traits manifestes, nullement voilés. Véronique Zidane raconte : «J'étais assez réservée, une fille comme tout le monde, comme les autres [...] on s'est croisés du regard mais ça a duré pas mal de temps parce que, timides tous les deux, ça n'a pas été facile, mais c'était comme un conte de fées, c'est vrai, ça a été un coup de foudre[1].» De son côté, Smaïl Zidane écrit, à propos de sa propre femme : «Malika [...] reste un peu en retrait, les paupières baissées. Je la vois plus que je ne la regarde [...] le temps d'entrevoir ses grands yeux verts, ses longs cheveux noirs [...] Je ne l'ai vue que quelques minutes, mais je suis troublé, sous le charme. Ce doit être cela, le coup de foudre[2].» À la question de la journaliste Isabelle Giordano lui demandant comment elle explique la certitude ayant présidé à son mariage avec Zinedine, Véronique répond : «Mon mari est parti tôt de la maison, en fait il a mûri très tôt, et

---
1. P. Elkaïm et L. Goldschmidt, *op. cit.*
2. S. Zidane, *op. cit.*, p. 108.

donc il avait déjà ses idées. Il voulait avoir beaucoup d'enfants, et moi aussi, en fait. J'ai eu une enfance très tranquille, très équilibrée, donc mon désir était de fonder une famille et d'être heureuse avec mon mari [...] Je viens d'une famille où il n'y a jamais eu de divorce, ma belle-famille, pareil. C'est une question d'éducation je pense. Moi dans ma tête, je me suis mariée, ça sera l'homme de ma vie pour toujours, ça sera lui, lui pareil je pense[1]. » Et Smaïl Zidane décrit la certitude inhérente à son propre couple : « Sans rien connaître de la vie, je sais qu'elle est la femme de ma vie. Je veux l'épouser, qu'elle devienne ma compagne et la mère de mes enfants. Pour moi, cette rencontre sonne comme une évidence. J'ai su plus tard qu'elle le fut aussi pour Malika [...] Cinquante-trois ans plus tard, nous savons plus que jamais que nous ne nous sommes pas trompés[2]. »

Deux figures de femme belles, réservées, timides et douces. Deux coups de foudre ayant la pureté du premier amour. Deux mariages fondés sur *un idéal d'immuabilité conjugale* et de construction familiale. L'identification au père (dont découle aussi le fait que Zidane aime la figure maternelle en sa future femme) est limpide et certainement consciente.

---

1. P. Elkaïm et L. Goldschmidt, *op. cit.*
2. S. Zidane, *op. cit.*, p. 111.

Cachée en l'épouse, la figure du maître

Bien moins visibles sont les phénomènes qui dérivent de la fixation au père. Cet excellent père, solide et tendre, qu'est Smaïl Zidane incarne aussi, je l'ai dit, *une figure de maître* qui s'instaure en gardien des pulsions de son fils, s'attribue le savoir quant à son destin, et fait objection à sa pleine expansion en l'assignant à rester le même. De même, l'écoute attentive du discours de Véronique Zidane fait apparaître derrière le visage, à coup sûr authentique, de la femme dévouée, *la présence d'un maître* s'adjugeant les mêmes prérogatives.

Véronique déclare, en 2001 : « Je suis fière de son travail, fière de lui en général et je lui dis merci pour tout ce qu'il nous fait, et surtout pour sa façon d'être et de rester comme il était quand je l'ai connu. Il n'a pas changé et pour ça je le félicite et lui tire mon chapeau[1]. » Le père affirme quant à lui : « Il importe plus que tout à Yazid de ne pas nous décevoir [...] fier, oui, bien sûr... même si je n'emploie jamais cet adjectif [...] Il y a tant de personnes qui auraient de multiples raisons d'être fières et qui n'en parlent pas [...] Moi, je préfère dire que je suis heureux [...] Heureux de savoir que Yazid ne changera pas, qu'il reste le même, c'est notre plus belle récompense[2]. »

---
1. P. Elkaïm et L; Goldschmidt, *op. cit.*
2. S. Zidane, *op. cit.*, p. 194.

Posant le changement comme une faute morale, l'épouse et le père gratifient Zidane de leur fierté à condition qu'il s'attache à garder sa mesure initiale, et ne cherche pas à atteindre une nouvelle dimension intérieure... qui, peut-être, échapperait à leur contrôle.

Comme celle du père, la parole de Véronique est porteuse d'une certaine ambivalence face au rayonnement de son mari. Au sein du long entretien accordé à Isabelle Giordano, les dons extraordinaires de Zinedine Zidane se trouvent quasiment passés sous silence, seuls le mari et le père dévoués étant mis en valeur, dans un discours plutôt éteint d'ailleurs : « Il fait tout comme une maman pour ses enfants ; il amène un bouquet de fleurs, il joue avec ses enfants, c'est le père exemplaire. » En revanche, quand la journaliste lui demande si elle juge élevé le prix à payer pour la popularité de Zinedine, Véronique s'anime davantage et répond : « Non, parce que *c'est éphémère sa situation, hein*. Le succès, en fait... il faut déjà oublier ce qui s'est passé hier, il faut toujours avancer, *je sais que dans quelques années ce sera fini*, et je pense que les plus belles années seront plus tard. » Presque à la fin de l'entretien, Isabelle Giordano soulève une sorte de contre-argument : « Comment vous imaginez les années qui viennent ? – *car Zinedine sera toujours très connu*, même dans dix ans. » À nouveau, Véronique introduit les notions de pertes et de fin pour son mari présentées comme autant de perspectives pour elle : « L'avenir, je le vois encore plus beau que maintenant, il aura plus de temps à nous consacrer. J'espère, pas entraîneur! Car l'emploi du temps est encore plus chargé que joueur. Il restera certainement dans le foot, mais ça sera mieux. *La vie sans football, ça ne me fait pas du tout peur, au contraire*. Là, *la retraite approche*, il a perdu ses cheveux ; ça sera notre dernier club. » Au moment de cette déclaration, Zinedine avait 29 ans.

L'ambivalence, souvent inconsciente, révèle une division subjective, forme de conflit intérieur. D'un côté, Véronique aime son mari, le soutient, et se donne à sa famille avec une ardeur et une constance suscitant le respect : « J'aurai tout donné, tout de moi, pour que plus tard mes enfants aient un bel avenir ; pour que notre famille soit aussi solide qu'à présent. J'essaie de toutes mes forces de garder cet équilibre et cette solidité dans la famille[1]. » D'un autre côté, la frustration qu'a pu ressentir l'épouse immergée dans la passion footballistique de son mari – le journal *Paris Match* l'écrit, en juin 2018 : « Depuis presque trente ans, elle vit dans l'ombre du géant » – se fait jour, chez Véronique, dans *un certain rejet de l'être de légende* incarné par Zinedine Zidane.

En cet été 2018, la presse présente comme un événement une déclaration de Véronique, révélatrice à cet égard. Le 17 juin, le magazine *Voici* titre

---

1. P. Elkaïm et L. Goldschmidt, *op. cit.*

« Zinedine Zidane : l'étonnante confession de sa femme », et l'article développe : « elle ne s'attendait pas à ce que Zidane devienne une star du ballon rond après le Mondial 98. Et pour cause, les deux tourtereaux se sont rencontrés alors que Zidane n'avait que 17 ans. À l'époque, Véronique était danseuse [...]. Et si elle avait su le destin qui attendait son mari, elle ne serait peut-être pas devenue sa femme. C'est en tout cas ce qu'elle a révélé à nos confrères de *Paris Match* : "*Si j'avais su qu'il deviendrait une telle star, je ne sais pas si je l'aurais épousé.*" Pourtant, cette résistance de Véronique n'est pas nouvelle, puisqu'en 2001 elle déclarait déjà : "je l'ai connu quand il débutait, donc ça a été une relation tout à fait honnête et normale, en fait, *s'il avait été connu, je n'y serais peut-être pas allée*... Au départ, *on n'était pas faits du tout pour être connus* et reconnus, donc c'est un peu difficile pour nous, quoi."[1] »

Le choix de cette forme collective – « *on* n'était pas faits du tout pour être connus » – exprime une croyance de Véronique qui, à mon sens, est loin d'aller de soi. Assurément, Véronique ne souhaitait pas cette vie d'épouse de star planétaire et a toujours œuvré dans le sens d'*un idéal de normalité* que martèle son discours : le mot « normal » a été prononcé sept fois au fil des phrases adressées à Isabelle Giordano. Mais Zinedine ?

---
1. *Ibid.*

Depuis Freud, nous savons à quel point *le désir* d'un être humain détermine son destin : essentiellement inconscient, présent dès l'origine, le désir est cette force vectorielle, puissante et inextinguible, qui propulse une vie de l'intérieur dans une direction donnée, et tend à des buts en ligne avec ce désir fondamental. Dès lors, avoir vu son jeune mari devenir Zinedine Zidane et affirmer qu'il « n'était pas fait du tout pour être connu » me paraît procéder, chez Véronique, d'une erreur de logique consistant à dire que Zidane aurait pu atteindre ce statut de légende à rebours de sa vérité profonde et contre son désir.

Comme l'épouse, le père croit savoir que son fils ne voulait pas de cette prodigieuse ascension : « Pour Yazid, il y aura un avant et un après 1998. On ne parlera plus de lui de la même façon [...] Le monde entier l'encense, *on le sort du lot* et, parce que je connais bien la réserve dont il ne s'est jamais départi, *je sais que quelque chose doit le gêner* dans toutes ces manifestations[1]. »

Pour moi, ce n'est pas le monde qui « le sort du lot », c'est Zidane qui émerge aux yeux du monde ; apparition rayonnante de dons, habitée d'âme, auréolée d'amour. Bien sûr Zidane est, comme tout homme, déterminé par son histoire, nourri par les présences aimantes et inspirantes auprès de lui. Mais dans ce destin presque surnaturel réside

---
1. S. Zidane, *op. cit.*, p. 189.

aussi une forme d'autocréation, de celles dont l'inconscient sait si bien se faire l'auteur, et dont l'un des ressorts, pour Zidane, peut se formuler ainsi : l'homme que sa passion pour son père a inscrit dans une demande d'amour éperdue a trouvé une merveilleuse issue dans cette *position d'exception* qu'il a su obtenir du monde en lui offrant son génie. Reconnu comme rare, admiré comme exceptionnel, adoré comme unique : je crois que Zidane boit l'amour des foules comme le plus désirable des élixirs, comme le nectar des dieux.

Autre ressemblance entre la parole de sa femme et celle de son père, la beauté physique de Zidane et la séduction qui en découle sont traitées comme des non-sujets. Isabelle Giordano soulève la question auprès de Véronique : «Votre mari est très beau, il plaît aux femmes ; ça ne vous rend pas un peu jalouse ?» Véronique répond : «Je suis jalouse normalement. Il est assez grand, il sait ce qu'il fait ; ça s'est bien passé, je connais bien son caractère, il connaît bien le mien, donc il fait son métier, il signe des autographes, il est souriant, gentil mais ça en reste là, donc moi je... je n'ai pas de quoi être énervée ou jalouse. *Je le connais, il adore sa famille.*» Dans son livre, Smaïl Zidane raconte une conversation qu'il a eue avec une institutrice au sujet du comportement de son fils en classe : «Ce qu'elle ajoute me laisse sans voix : "Zinedine est très dissipé, c'est vrai, mais on lui pardonne tout : il est tellement beau !" Je me souviens d'être

sorti de l'école en rigolant. Si je m'attendais à ça[1]!»
Zinedine Zidane beau à faire fondre les femmes :
pour Véronique, du moins dans ce qu'elle déclare
publiquement, l'attachement de son mari à sa
famille règle la question ; et Smaïl Zidane ravale
le sujet au rang de bonne blague. Deux formes
de *dénégation* qui, dans la définition freudienne
du terme, consiste à prendre connaissance d'une
vérité tout en la niant. Ce dont Véronique, à la
suite du père, ne veut sans doute rien savoir, c'est
l'impossibilité de maîtriser la vie pulsionnelle d'un
être humain.

Par la fonction du père, qui concentre en elle
«les jouissances paisibles de l'amour de la mère[2]»,
il est vrai que *le désir du fils se normalise dans
les voies de la loi* : s'identifiant au désir du père,
le fils devenu homme désire à son tour les jouissances paisibles de l'amour de sa femme. Mais il
entre aussi dans la fonction du père *d'assumer une
limite* : il y a toujours, dans ce qui cause le désir
d'un homme, quelque chose restant hors de portée. Or Smaïl Zidane s'exprime comme si sa loi
pouvait régler toute la question de la jouissance
– «Vers l'âge de 18 ans, les garçons commencent
à sortir le soir mais je ne veux pas qu'ils aillent
en boîte de nuit[3]» – et plus loin dans le texte :
«La vie de Yazid change. Depuis qu'il est passé

---
1. *Ibid.*, p. 140.
2. *Le mythe individuel du névrosé*, de Jacques Lacan, Seuil, 2007, p. 44.
3. S. Zidane, *op. cit.*, p. 137.

professionnel à l'âge de 16 ans, il est très gâté. Mais je ne me fais pas de souci : ces cadeaux ne lui tourneront pas la tête [...] Yazid ne deviendra pas un flambeur parce qu'il sait d'où il vient[1]. » Ici, le père se pose en figure tutélaire, à qui son fils doit la vie, doit allégeance en ne sortant pas de sa condition (« il sait d'où il vient ») et doit sa sauvegarde face au vertige de jouissance dans lequel il pourrait se perdre en devenant riche.

Quant à Véronique, elle se pose comme l'ultime rempart au vertige de jouissance qui pourrait saisir son mari face à la possession de la gloire. Frédéric Hermel raconte qu'un jour de 2016, il plaisantait avec Zidane, en présence de sa femme, sur les risques de la célébrité : « Véronique a évidemment saisi le caractère jovial de cet échange mais tient à souligner la composante irréelle de ma réflexion : *"S'il avait pris la grosse tête, il y a longtemps que je l'aurais quitté.* Ah non ! Surtout pas ça ! Je vous le dis." [...] *"Tant que je serai là, pas de risque que ça lui arrive.* Pas le genre de la maison."[2] »

Même prises dans un contexte d'humour, ces deux phrases résonnent comme des rodomontades. Personne, ni femme ni homme et pas même un père, ne peut se prévaloir de l'acte de bravoure consistant à éradiquer la tentation de jouissance chez l'autre. Si Zidane est porté à jouir de la richesse, de la gloire, de sa puissance pulsionnelle,

---
1. *Ibid.*, p. 167.
2. F. Hermel, *op. cit.*, p. 167.

de sa séduction ou de sa beauté, la fonction de la limite n'appartient à nul autre qu'à lui-même. Pourtant, sous une forme assurément voilée, le discours de Véronique révèle qu'*elle aspire, comme le père, à la position de maître moral;* cette sorte de maître qui instruit l'ignorant des valeurs fondamentales de la vie et lui assure l'accès à la conscience, à la sagesse voire même au *savoir être homme.*

Zidane, Véronique, Inzaghi, Nâdiya : quatuor mythique

Que signifie *savoir être homme*? Pour son équilibre moral, psychique et affectif, un homme a besoin d'*assumer pleinement sa fonction virile*, et cette exigence s'applique aux deux registres fondamentaux de son existence, sa vie sociale et sa vie amoureuse.

Au plan social, l'homme doit se faire reconnaître dans son œuvre ou son travail, et en accepter les fruits sans conflit intérieur, sans qu'un sentiment de dette ou d'imposture le dépossède de ses propres actes. En cela, la croyance, si profonde, qu'a Zidane qu'*il doit tout à son père et à sa femme* constitue *une faille dans sa virilité psychique.*

Au plan amoureux, l'homme doit se sentir assuré dans sa position masculine au sein du couple (s'il décide d'en former un), ce qui passe par «une jouissance qu'on peut qualifier de paisible et d'univoque de l'objet sexuel une fois qu'il est choisi, accordé à la vie du sujet[1]». Autrement dit : une seule femme qui, sans ambiguïté, est bien sienne, et avec laquelle il peut réaliser sa propre unité amoureuse et sensuelle. Quand la psychanalyse énonce cela, elle ne se pose pas en moraliste mais observe que, ces conditions réunies, un sujet masculin ressent le bien-fondé de *sa manière d'être homme*, il a un sentiment de paix et de légitimité dans sa vie intime.

Écouter Zidane parler de son couple et de la beauté d'une longévité qui n'était pas jouée d'avance m'a conduite à supposer que ce couple a connu des troubles, dont Zidane ne veut rien laisser paraître mais dont son discours porte la marque. En 2017, Zidane affirme, avec des mots forts et sincères, l'existence d'une merveilleuse complémentarité entre lui et sa femme. Si son mariage s'est trouvé en danger, ce n'est donc pas le fait d'un désaccord fondamental ou d'une évolution divergente. Je pense qu'*assumer sa fonction virile dans le couple de façon «paisible et univoque» ne va pas forcément de soi pour Zidane*, et peut requérir de lui un véritable effort. En termes de valeurs et d'idéal, il croit pleinement à la fidélité et à la construction durable – son attachement au mythe de l'immuabilité conjugale le montre – mais il existe certainement en lui une vitalité pulsionnelle, une sensualité et des phénomènes psychiques qui le divisent, *rendant difficile l'unité de sa sensibilité*.

---

1. *Le mythe individuel du névrosé, op. cit.*, p. 33.

La trame mythique tissée autour d'un homme reflète toujours une vérité profonde, parfois ignorée de lui-même, et qu'aucun discours réaliste ne saurait saisir. C'est le sens de la phrase de Lacan, fil conducteur de ce chapitre : « La vérité a structure de fiction. » Or, sous le thème, dominant, de l'immuabilité conjugale de Zidane, courent des récits qui introduisent deux autres personnages dans le réseau mythique : d'une part Filippo Inzaghi, amant présumé de Véronique autour des années 1999-2001 ; d'autre part la chanteuse Nâdiya, supposée maîtresse de Zidane à la période 2005-2006. Sonder la fonction de ces liens dans la vie de Zidane fait alors apparaître une vérité poignante : *ces quatre figures étaient présentes au soir du 9 juillet 2006, sorte de quatuor dramatique pour un rendez-vous fatal.*

Filippo Inzaghi, double obscur de Zidane ?

Après cette finale du 9 juillet 2006, au sein de l'onde de choc provoquée par le coup de tête de Zidane, les prises de parole publiques se sont multipliées, chacune tentant d'éclairer un versant de l'énigme.

Très rapidement, une thèse officielle s'établit dans le milieu des grands médias, qui a eu recours à des spécialistes de la lecture sur les lèvres pour déchiffrer les phrases prononcées par Materazzi : celui-ci aurait grossièrement insulté la sœur de

Zidane, et peut-être aussi sa mère. Quelques mois après les faits, Materazzi livre publiquement sa version : tandis qu'il tirait sur le maillot de Zidane, celui-ci lui aurait dit, avec l'arrogance d'un vainqueur : « Si tu veux vraiment mon maillot, je te le donne après le match », et lui-même aurait répondu : « Je préfère ta pute de sœur. » Avouant cette injure, Materazzi se défend vivement d'avoir porté atteinte à la figure maternelle, qu'en tant qu'Italien, il tient pour sacrée, dit-il, et plus encore depuis qu'il a perdu sa propre mère.

Dans les trois jours qui suivent l'événement, la Fédération internationale de football ouvre une procédure disciplinaire et, dès le 20 juillet, publie son verdict dont voici un extrait : « Conformément au code disciplinaire de la FIFA, la FIFA avait accordé aux deux joueurs le droit d'être entendus. L'audition de Marco Materazzi avait déjà eu lieu, le 14 juillet, au siège de la FIFA. Zinedine Zidane a été interrogé aujourd'hui [...] Dans leurs déclarations, les joueurs ont *unanimement admis* que les propos de Materazzi constituaient *une atteinte à l'honneur* mais qu'ils n'étaient pas de nature raciste. » Ayant convoqué les joueurs séparément, la FIFA semble conclure à une concordance des déclarations, et n'évoque ni la mère ni la sœur de Zidane mais simplement une « atteinte à l'honneur ». L'honneur de qui ?

Dès lors que la FIFA dément la teneur raciste des propos, l'hypothèse des insultes touchant à la mère (« fils d'une pute terroriste ») tombe définitivement.

Le mythe conjugal de Zidane   119

Raisonnant à partir de l'insulte présumée à la sœur («je préfère ta pute de sœur»), beaucoup de journalistes s'étonnent de ce que Zidane ait pu être à ce point touché par des invectives se produisant fréquemment sur un terrain de football, et présentant un caractère quasi impersonnel. En effet, comme souvent en pareil cas, Materazzi a déclaré ne pas connaître la sœur de Zidane et même ignorer qu'il en eût une. En conséquence, l'opinion dominante, pleine de bienveillance et de bon sens, suppose désormais, à l'instar de Jacques Chirac, que «si un homme comme Zidane a eu une réaction de ce genre, cela veut dire qu'*il s'est passé quelque chose*[1]», cette formulation laissant entendre que l'énigme demeure.

Au cours de l'été 2006, en parallèle du discours véhiculé par les grands médias et les personnalités officielles, *une autre version apparaît*. Le 24 août, le site Internet des supporters du Valenciennes Football Club publie un article intitulé «La vraie version Zidane-Materazzi», qui explique: «Un visiteur du blog de Beppe Grillo[2] a apporté une nouvelle beaucoup plus convaincante sur le différend que Zidane a eu avec Materazzi. La source de la nouvelle n'est pas connue. Zidane demande à

---
1. Interview accordée à TF1, le 14 juillet 2006.
2. Giuseppe dit Beppe Grillo, acteur, humoriste et auteur italien, a lancé en 2005 un blog d'opinion politique et social considéré comme l'un des plus influents d'Italie.

Materazzi : "Tu le veux mon maillot?" Il semble que Materazzi ait répondu : "*Si je veux ton maillot, je le demande à Inzaghi.*" La réponse de Materazzi faisait référence à *une présumée relation entre Inzaghi et la femme de Zidane*. Les soupçons naquirent à la période durant laquelle les deux joueurs évoluaient à la Juventus. Il semble que ce fait poussa Zidane à partir au Real Madrid. De cette façon, on comprend pourquoi Zidane continue à soutenir que les mots dits par Materazzi ne peuvent pas devenir publics car il s'agit d'*affaires trop personnelles*. Si Materazzi avait réellement offensé la mère ou la sœur de Zidane, il aurait pu employer un euphémisme afin d'expliquer la gravité de l'insulte. Probablement, Zidane s'obstine à cacher les paroles dites par Materazzi parce qu'elles révèlent des informations très compromettantes. »

N'ayant pas retrouvé sur le blog de Beppe Grillo la publication évoquée, j'ai constaté en revanche, via plusieurs forums de discussion italiens, que cette version de l'altercation entre Zidane et Materazzi faisait effectivement partie du discours public ayant cours sur Internet. Par ailleurs, un élément a retenu mon attention au sein des propos tenus par le consultant sportif Pierre Ménès : « On a eu droit à tout de la part de Materazzi : insultes terroristes, insultes sur la mère de Zizou, sur la sœur de Zizou, *sur la femme de Zizou*[1]... » Aucune

---

1. Émission *Secrets d'actualité*, diffusée sur M6 le 8 octobre 2006.

mention de Véronique Zidane n'ayant été faite par les médias officiels ni par Materazzi, dans ses déclarations publiques du moins, Pierre Ménès aurait-il laissé échapper cette allusion parce qu'il avait connaissance de la rumeur?

Si nous revenons à l'époque où Zinedine Zidane et Filippo Inzaghi jouaient ensemble à la Juventus de Turin, entre 1997 et 2001, que laissent filtrer les faits?

En 1999, après trois saisons turinoises et un sacre mondial, Zidane rayonne. Il ne fait pas mystère de son projet de rejoindre un club espagnol ni du poids qu'a le désir de sa femme dans ce projet: depuis longtemps, Véronique souhaite vivre en Espagne. L'une des biographies de Zidane raconte l'épisode: «Agnelli, patron de Fiat et président d'honneur de la Juventus, va s'enquérir de la situation au cours d'une séance d'entraînement. Il questionne Zizou. En quittant le terrain, il répond avec une inhabituelle franchise, à l'évidence calculée, aux journalistes ayant observé la discussion. Agnelli donne sa version des propos tenus par son joueur vedette. En sous-entendant que l'attention portée par Yazid aux souhaits de sa femme est un acte de faiblesse [...] la presse italienne se saisit avec délectation de la polémique, en l'alimentant d'une déclaration de Filippo Inzaghi. [...] *"Quand je serai marié, ma femme fera ce que je dis", aurait déclaré Pippo*. Zinedine, comme toujours, ne dit rien. Ni sur ses éventuels contacts avec l'Espagne [...] ni sur sa conception de la vie conjugale[1]. »

En quoi Inzaghi se sentait-il personnellement concerné par la situation de Zidane, au point d'intervenir publiquement, à propos de sa femme de surcroît ? Pourquoi s'est-il livré à cette fanfaronnade n'ayant d'autre objet que celui d'affirmer sa supériorité virile sur Zidane ? Bien sûr, la réalité d'une liaison entre Véronique Zidane et Filippo Inzaghi fournirait une réponse évidente, mais, comme le dit Lacan, le vraisemblable n'est pas toujours le vrai. Pour autant, il existe nécessairement un lien direct entre Zidane et Inzaghi, un lien engageant une rivalité d'hommes, pour qu'un tel incident se produise.

Examinant les grandes lignes des deux trajectoires, j'ai été frappée par une série de concordances, et même une *forme de gémellité* entre ces deux hommes. Né le 9 août 1973, Filippo Inzaghi a presque le même âge que Zidane (un an de moins). De même, il arrive à la Juventus un an après Zidane, à l'été 1997. Il en part exactement en même temps, à l'été 2001. Il rejoint le Milan AC, avec lequel commence « une histoire d'amour qui ne finira jamais », déclare-t-il ; Zidane rejoint le Real Madrid, qu'il dira « avoir dans son cœur pour la vie ». Après l'arrêt de sa carrière de joueur, Inzaghi devient entraîneur, presque en même temps que Zidane : comme celui-ci au Real Madrid, Inzaghi entraîne d'abord

---

[1]. J. Philippe et P. Fort, *op. cit.*, p. 180.

Le mythe conjugal de Zidane

les jeunes et la réserve du Milan AC ; puis il prend en main l'équipe première en 2014, tandis que Zidane est nommé à la tête du Real en 2015. Les deux hommes ont eu pour maître et protecteur l'immense entraîneur Carlo Ancelotti. En sélection nationale, leurs parcours ont également présenté similitudes et entrecroisements : lors de la Coupe du monde 1998, Inzaghi fait partie de l'équipe d'Italie, défaite en quart de finale (match auquel il ne participait pas) par l'équipe de France au sein de laquelle brillait Zidane ; Inzaghi est également présent à la Coupe du monde 2006 (sur le banc des remplaçants pour la finale), et s'est trouvé sacré champion du monde à l'heure d'une fin tragique pour Zidane.

Phénomène plus frappant encore dans ce lien en miroir : l'homme qu'incarne Inzaghi se présente très exactement comme l'envers de Zidane, *son reflet inversé dans le miroir.*

Joueur décisif comme l'est aussi Zidane, Inzaghi est adoré des supporters pour ses statistiques hors norme et détesté des puristes à cause de son style ; à l'inverse, Zidane fut parfois critiqué en raison de statistiques jugées insuffisantes, et adoré pour son style prodigieux. Là où Zidane est célébré comme «maestro», Inzaghi est qualifié de «renard des surfaces[1]». Zidane a toujours reçu de vibrants hommages pour son art footballistique ; Inzaghi a constamment fait

---
1. *Les cahiers du football*, article intitulé «Pippo pour de vrai», janvier 2013.

l'objet de déclarations humoristiques ambivalentes sur son insolente réussite. Vikash Dhorasoo qui, lors de sa période lyonnaise, a eu affaire à Inzaghi, ironise : « Pippo, c'est le mec à qui le poteau fait une passe décisive[1] », et le grand Alex Ferguson s'amuse : « Inzaghi est né hors jeu[2]. » À l'opposé de l'élégance gestuelle de Zidane et de la sobriété de sa conduite sur le terrain, Inzaghi multiplie les buts dits « de raccroc », les plongeons roublards et les jérémiades intempestives. Partout où il a joué, Zidane a suscité le respect de ses coéquipiers pour sa manière de les mettre en valeur et pour son sens du partage ; Inzaghi, qui souvent « détonne au sein de l'effectif[3] », célèbre ses propres buts « avec une rage et une joie démesurées[4] », alors jugées arrogantes et égocentriques par les autres joueurs le voyant s'adonner à la recherche personnelle d'une communion exaltée avec les supporters.

Ce que l'on sait officiellement de la vie amoureuse des deux hommes présente à nouveau cette étonnante mise en miroir, sous une forme strictement inversée : Zidane offre aux yeux du monde le visage d'un éternel mari et père de famille, mais des rumeurs introduisent le soupçon de liaisons autres ; Inzaghi s'affiche en séducteur multipliant les aventures, tout en avouant son rêve intime

---

1. *Les cahiers du football, op. cit.*
2. *Ibid.*
3. J. Philippe et P. Fort, *op. cit.*, p. 180.
4. *Les cahiers du football, op. cit.*

de mariage et de paternité. En 2003, *Le Parisien* titre «Superpippo, buteur et homme à femmes[1]» et développe: «Inzaghi s'enorgueillit de n'être jamais tombé amoureux d'une femme mais assure vouloir beaucoup d'enfants»; «son rêve: trouver une femme qui ressemble à sa mère».

Liant ces deux hommes de façon plus impressionniste, il y a aussi ce que peut saisir le regard, posé conjointement sur leur présence physique. Deux formes de beauté virile, en résonance et en antinomie. Les yeux verts de Zidane, splendide jeu d'ombre et de lumière sur un visage nu; les yeux noirs d'Inzaghi, tantôt perçants, tantôt perdus dans sa chevelure noire. Un grand fauve, pulsionnel et sublime; un renard sauvage, ambigu et puissant. Un ange radieux et mystérieux; un ange sombre et attachant.

De ce faisceau de signes émerge une lecture, que je formule ainsi: *Inzaghi incarne une vérité cachée (refoulée) de Zidane*, qui fait retour dans sa vie réelle. Figure virile en miroir, *sorte de double obscur*, Inzaghi est l'image vivante d'une part pulsionnelle de Zidane, une part dont il ne veut rien savoir, dont il veut que personne ne sache rien, parce qu'elle vient en opposition à son idéal de mari immuable. Ce *bad boy* en lui, cet ange sombre, rêveur et jouisseur, qu'il ne peut assumer dans son identité d'homme, *existe* pourtant, lui

---
1. *Le Parisien*, 7 mai 2003.

rendant à mon sens impossibles une fidélité sans effort et l'unification naturelle de son être viril dans le mariage.

Si Filippo Inzaghi a eu une liaison avec Véronique, cette liaison peut alors se lire, du point de vue de Zidane, comme l'aventure réelle de son double narcissique. « C'est sous cette forme très spéciale du dédoublement narcissique que gît *le drame* du névrosé[1] », a écrit Lacan. Drame en effet – parce qu'au plan des vérités profondes, celles qui touchent à l'âme, l'essentiel n'est pas que cette liaison eût lieu ou non ; l'essentiel est que l'apparition d'Inzaghi dans l'épopée de Zidane révèle l'existence, au cœur de son être, d'une part de lui-même avec laquelle il a un rapport tourmenté, refoulé, refusé *et mortel*. Inzaghi était là, ce tragique soir du 9 juillet 2006. Présent sur les lieux assurément, dans les mots de Materazzi peut-être, dans l'acte de Zidane par conséquent.

Nâdiya, son fantasme de «superpower»?

Nâdiya était présente aussi à Berlin, le 9 juillet 2006, spectatrice de la finale depuis les tribunes du stade ; spectatrice comme l'était Véronique Zidane, qui fit une arrivée remarquée au sein de la zone

---

[1]. *Le mythe individuel du névrosé, op. cit.*, p. 34. Précisons ici que par «névrosé», Lacan désigne l'homme normal (sans pathologie mentale) aux prises avec ses failles. De même, le terme «narcissique», en psychanalyse, n'a aucune valeur péjorative ni morale, mais renvoie au rapport de l'homme à sa propre image.

réservée à la famille, parce qu'elle était en retard et que le match avait commencé. Ce retard avait-il valeur de message, conscient ou inconscient? Dans la biographie *Zidane, une vie secrète*, l'hypothèse d'un grave incident de couple est explicitement formulée : « Le soir de la finale [...] le capitaine ne porte ni son bracelet rouge porte-bonheur, qu'il embrasse souvent avant le début d'un match, ni son alliance, qu'il n'a jamais quittée depuis son mariage avec Véronique et qu'il remettra ensuite. Pourquoi donc? Pour une raison qui lui appartient, Zizou est donc énervé, très énervé [...] Dans sa vie de footballeur, la bonne entente avec Véronique est essentielle[1]. »

Pour ma part, j'accorde foi à la rumeur de relation amoureuse entre Zidane et la chanteuse Nâdiya, en 2005-2006. Dans des termes concrets, plusieurs témoins oculaires m'ont relaté des épisodes de cette relation. Chacun de ces témoins savait que je travaillais à ce livre, et m'a laissée libre de disposer de l'information comme je l'entendais. Ne développant pas cette information ici, je reste fidèle à mon propos, qui n'est pas de dévoiler des faits privés, potentiellement douloureux pour les personnes impliquées, mais d'œuvrer à la compréhension d'un être riche et mystérieux, un homme puissamment inspirant que ses splendeurs comme ses failles nous conduisent à aimer.

---
1. *Op. cit.*, p. 48.

Nâdiya, chanteuse de pop française aux origines berbères, sensiblement du même âge que Zidane (un an de moins), a vu sa carrière prendre son envol en 2004, puis connaître ses plus grands succès durant les trois années suivantes. Engagée au sein d'ELA, l'Association européenne contre les leucodystrophies, Nâdiya y croise un jour Zidane. En 2005-2006, la rumeur de liaison a déjà cours au sein du monde footballistique et journalistique, mais c'est le 31 octobre 2006 qu'elle touche le grand public, quand le journaliste Marc-Olivier Fogiel interpelle Nâdiya, invitée de son émission télévisée, et lui demande : « […] Tout le monde dit que vous avez eu une aventure avec Zidane, c'est vrai cette histoire[1] ? » Nâdiya répond qu'elle n'a rencontré Zidane qu'une seule fois et dénonce vivement le manque de respect dont témoigne le procédé, affirmant qu'elle est avant tout une mère qui veut protéger son petit garçon. Le 9 novembre 2006, le journal *Voici* publie des photos produites par des paparazzis s'étant livrés à un véritable siège du domicile de la chanteuse[2]. À défaut d'une photo les représentant ensemble, ces clichés, juxtaposés, montrent Zidane d'une part et Nâdiya d'autre part, lors de leur entrée dans l'immeuble. Une légende,

---
1. *T'empêches tout le monde de dormir*, M6, 31 octobre 2006.
2. La couverture de *Voici* et le récit du dispositif des paparazzis sont encore présents sur Internet, notamment à l'adresse jeanmarcmorandini.com, en date du 15 novembre 2006.

ironique, accompagne ces clichés : « Et dire qu'ils auraient pu se rencontrer une deuxième fois... »

La biographie *Zidane, une vie secrète* raconte : « Quand le magazine people paraît, Zidane est avec Franck Riboud au bout du monde, au Bangladesh, pour le compte de Danone. En apprenant une telle publication, le champion est totalement paniqué [...] Zidane s'éclipse pour passer des heures au téléphone. D'abord, expliquer à sa femme, Véronique [...] qu'il s'agit d'un photomontage. Puis organiser la riposte [...]. L'ancien capitaine des Bleus attaque au tribunal de Marseille [...], il obtiendra 50 000 euros de dommages et intérêts, pour atteinte à la vie privée. Et non pas pour diffamation [...] Quant à la chanteuse, sa carrière semble, depuis en suspens [...] Enfin, Tony Krantz[1], l'attachée de presse de Nâdiya, ne souhaite plus avoir affaire à la chanteuse[2]. »

Sur Internet, la rumeur est plus crue encore[3] : Nâdiya, déclarée enceinte de Zidane, aurait fait,

---

1. Antoinette Krantz, dite Tony dans le milieu artistique, est décédée le 6 août 2011.
2. B. Lahouri, *op. cit.*, p. 151 à 153.
3. Par exemple, sur le forum de discussion aufeminin.com, on peut lire, en date du 4 janvier 2010 : « Une rumeur aurait fait le tour des rédactions de Paris : Nadyia serait enceinte de Zidane. Ce dernier lui aurait proposé 5 millions d'euros pour avorter. Je confirme la rumeur. Mais le montant offert à la chanteuse contre l'IVG est faux. Zidane a tenté d'intimider Nadya [*sic*] dans un premier temps suivant le conseil de ses proches. Puis, voyant que la petite n'allait pas céder, et craignant qu'elle aille poser une main courante à la police pour intimidation, le montant de 5 millions de dollars a été évoqué. Mais dans la réalité, Nadya aurait refusé un montant d'environ la moitié.

venant de lui, l'objet d'intimidations puis d'une proposition financière importante en contrepartie d'un avortement, *transaction qu'elle aurait refusée*. Ce dernier élément a retenu mon attention car, mis en série des autres faits rendus publics, il présente Nâdiya comme une femme intègre, victime de la situation, tandis que *Zidane endosse intégralement le mauvais rôle*: mari infidèle là où Nâdiya est une femme libre (séparée du père de son petit garçon); homme sans foi ni loi prêt à menacer puis à payer pour faire interrompre une grossesse; amant cynique abandonnant la jeune femme dans une situation où elle se trouve livrée en pâture aux médias, avant de voir sa carrière s'étioler; coupable impuni dès lors que l'affaire est étouffée de son côté, que son mariage survit et connaît même une médiatisation nouvelle venant nourrir le mythe de l'immuabilité conjugale.

Dans une logique factuelle, il est possible que les choses se soient passées comme l'induit cette version publique « à charge » pour Zidane, et que Nâdiya, subissant la situation, ait payé d'un lourd prix de souffrance sa liaison avec lui. Cependant, pour qui s'intéresse à la logique subjective (humaine) filtrant entre les lignes, il existe une autre possibilité. Humainement, rien ne dessert Nâdiya dans les propos rendus publics. Certes, celle-ci peut juger pénible la mise sous les projecteurs de sa vie

---

Selon des sources proches de l'une et de l'autre des deux parties. À suivre... Sam. »

privée, mais aucun des éléments diffusés ne frappe d'indignité sa personne propre. Bien au contraire, entre les protestations officielles d'une mère honorable et les propos officieux la présentant comme une figure valeureuse et désintéressée – «Zidane a tenté d'intimider Nadya [...] puis, voyant que *la petite* n'allait pas céder [...]¹» – l'épisode prendrait presque les accents d'un combat héroïque entre Nâdiya-David et Zidane-Goliath.

Alors, un point de vue différent s'envisage : qu'en 2006, Nâdiya soit amoureuse de Zidane et, à tort ou à raison, pense Zidane également amoureux ; qu'elle désire construire une vie avec lui ; que sa grossesse, volontaire ou imprévue, lui en ouvre la perspective ; que le mariage de Zidane, posé par lui comme immuable, fasse figure d'obstacle, il en ressortirait que la médiatisation de la liaison dessert Zidane et lui seul, en particulier dans une configuration où Véronique déciderait de se séparer de lui. S'agissant des rois, des présidents et des puissants d'un pays, les historiens et journalistes savent que la révélation d'une liaison secrète peut toujours venir du camp de la maîtresse, dès lors que le statu quo ne lui profite aucunement. En pareil cas, le risque pris est à la hauteur de l'enjeu visé, dans une sorte de quitte ou double : la victoire ou la trahison dévoilée... cette trahison que, par essence, Zidane

---

1. Cf. note de la page précédente.

ne supporte pas. Redisons-le : le vraisemblable n'est pas toujours le vrai. Ici, seul Zidane sait.

Le 27 janvier 2018, je me suis entretenue avec Nâdiya. Lui faisant part de mon optique pour ce livre, «une biographie d'âme de Zidane», je lui ai demandé si elle consentait à me parler de lui. Son refus a été net, dans un discours à la fois offensif et défensif. «Vous sous-entendez cette fausse histoire qui remonte à plus de douze ans. Il y a la vérité qui ressort toujours! Moi, chaque fois que je suis allée devant un tribunal, j'ai gagné. Quand on me cherche on me trouve et je fais front debout […] vous l'aurez compris, je ne vous aiderai pas», a tranché Nâdiya sans pour autant couper court à la conversation, s'inquiétant longuement de ce que je savais et s'abritant derrière la version officielle de 2006 : «Je l'ai croisé une fois, je ne le connais pas […] C'est quelqu'un dont… [*Nâdiya hésite*]… j'estime la trajectoire.»

Cette hésitation a pris son sens des propos que Nâdiya a ensuite tenus autour de Zidane, pour le moins ambivalents. À l'inverse d'une personne qui ne connaîtrait pas Zidane, Nâdiya avait le plus grand mal à émettre une opinion favorable ou simplement neutre. Mais l'essentiel n'est pas là, le ressentiment de Nâdiya me paraissant compréhensible dans tous les cas de figure. Le moment le plus éclairant de son discours est celui qui a fait émerger *le thème fantasmatique présidant à son lien avec Zidane*. En effet, Nâdiya ne se situe pas dans une rencontre prenant sa source dans des origines berbères communes, comme il a pu être dit, mais dans *un lien d'identification totale à l'être de puissance qu'incarne Zidane,* un pur rapport narcissique : « Je suis guidée, tout s'aligne, c'est la résonance [...] Quand un artiste est amené à redonner, à redistribuer, ce n'est pas lié aux origines, c'est en lien avec la transcendance. En tant qu'artiste, on prend des risques, on donne tout, à deux cents pour cent, c'est une faculté à se transcender, pour aller dans l'intime et arriver à quelque chose de surdimensionné. Mais vous, Sabine, quand vous adhérez encore à cette rumeur d'il y a douze ans, vous entrez dans le fantasme des gens : un moment, on voit des origines communes et puis *c'est Superpower égal Superpower*, alors on les met ensemble, et puis ça alimente le fantasme collectif, alors qu'il y a des familles impliquées. »

Révélée par le discours de Nâdiya, la logique fantasmatique s'appréhende en deux temps. Premier temps : Nâdiya a une représentation d'elle-même en tant que figure surpuissante, à la fois compétitrice (« on prend des risques », « à deux cents pour cent », « pour arriver à quelque chose de surdimensionné ») et spirituelle (« je suis guidée », « une faculté à se transcender »). Deuxième temps : elle se voit comme formant une paire parfaite avec une autre figure surpuissante lui répondant en miroir : Nâdiya et Zidane, « *c'est Superpower égal Superpower* », dit-elle sans le moindre voile. Dans cet imaginaire amoureux, il n'y a pas d'altérité, pas de rencontre féconde entre l'un et l'autre du couple, entre le féminin et le masculin. Il y a deux créatures fantasmées comme toutes-puissantes et complètes, à la fois inspirées et combatives, à la fois femme et homme, qui s'identifient passionnément l'une à l'autre et se mirent l'une dans l'autre. Enfin, n'assumant pas cette thématique comme sa propre production psychique, Nâdiya la projette sur le public et sur moi («Vous entrez dans le fantasme des gens»).

Comment cette fenêtre sur le monde fantasmatique de Nâdiya nous ouvre-t-elle à celui de Zidane? Je propose cette réponse: via un pont, qui s'appelle Madonna. Depuis ses années d'adolescence, Zidane est un fan ardent. Pour le documentaire *Le dernier match*, il raconte ce jour de juin 1986 où, tout jeune footballeur cannois, il assiste, posté derrière les barrières du Palais des festivals, à la montée des marches de son idole. Fille d'immigrés italiens, partie de rien, Madonna a 26 ans et a déjà atteint la consécration. Cette année-là, elle sort un nouvel album (*True Blue*) qui sera son plus grand succès commercial, réalise des tournées triomphales, et figure au classement des plus jeunes multimillionnaires du monde. Danseuse athlétique, artiste audacieuse, star mondiale et femme d'affaires puissante, Madonna incarne assurément un *superpower*, inédit à cette époque.

Le mythe conjugal de Zidane

Que Zidane ait élu Madonna comme idole, en ces années d'adolescence si révélatrices de l'univers érotique d'un homme, nous laisse entrevoir le visage qu'a *la femme du fantasme* en lui : un double féminin *assumant pleinement sa réussite*, auquel il s'identifie. Cette logique ne lui échappe pas tout à fait, puisqu'il remarque, avec émotion, le sourire du destin : vingt ans plus tard, c'est lui qui est invité à monter les marches de Cannes (pour la projection du film *Zidane, un portrait du xxie siècle*)[1].

Au temps de sa rencontre avec Véronique, peut-être a-t-il vu en elle des attributs de la femme fantasmatique, cachés sous les traits de la belle jeune fille discrète, venue toucher son cœur (comme sa mère, la douce Malika, avait touché le cœur de son père). Merveilleuse pluie de signes dont l'inconscient est parfois le surprenant magicien : Madonna, élevée dans les strictes traditions catholiques, a choisi comme prénom de confirmation… Veronica, en référence à sainte Véronique, et, autour de ses 18 ans, s'est ardemment engagée dans une formation de danse classique, avec l'idée d'une carrière de danseuse. Les années passant, les figures de Madonna et de Véronique ont nécessairement été appelées à se séparer dans l'imaginaire de Zidane, dès lors que Véronique a su répondre à l'idéal conjugal et familial de son mari, épouse dévouée, mère de leurs quatre enfants et gardienne du foyer.

---

1. *Le dernier match, op. cit.*

Alors, Nâdiya croise la route de Zidane. Porteuse de séduction féminine comme d'une force quasi virile, compétitrice au corps et au mental forgés dans le monde du sport professionnel, artiste en pleine ascension et débordante d'ambition : la figure de la *power girl* aurait-elle fait retour dans la vie érotique de Zidane ?

À mes yeux, la liaison de Zidane avec Nâdiya ne relèverait pas d'un désamour pour sa femme, ni d'un renoncement à son idéal conjugal. La liaison de Zidane avec Nâdiya procéderait d'un mouvement, profondément inconscient, le portant irrésistiblement vers ce double féminin imaginairement surpuissant, appelé à combler la faille virile en lui. Croire qu'il doit son destin à son père et à sa femme empêche Zidane d'assumer, non seulement sa prodigieuse réussite, mais aussi sa pleine dimension d'homme. Dans le cas d'une telle faille, énonce Lacan, « un personnage se présente [...] qui est l'objet d'une passion plus ou moins idéalisée poursuivie de façon plus ou moins fantasmatique, avec un style analogue à celui de l'amour-passion et qui pousse d'ailleurs à une identification d'ordre mortel[1] ».

Mort psychique, qui plane toujours dès lors qu'il y a rapport narcissique au double, masculin (Inzaghi) ou féminin (Nâdiya). Le double dans le miroir, c'est le reflet captivant dans lequel on peut

---
1. *Le mythe individuel du névrosé, op. cit.*, p. 34.

se perdre, c'est aussi le rival d'une lutte à mort (ou lui, ou moi).

Le 9 juillet 2006, finale de Coupe du monde, devant la planète entière, Zinedine Zidane entre dans l'arène, pour conquérir sa fin rêvée : un sacre éternel. Pour la première fois de son histoire, les quatre acteurs de sa tragédie intime sont là, dans cette arène, sous le regard du monde. Inzaghi, le double obscur. Nâdiya, la maîtresse fatale. Véronique, l'épouse qu'il peut perdre. Et l'ombre du père, toujours. À l'heure du rendez-vous suprême, la gloire l'attend peut-être, mais ses contradictions le rattrapent. Inzaghi le déshonore, Nâdiya l'égare, et il doit à son père, et il doit à sa femme, et il doit à son mythe. La tension est inhumaine, et monte, et monte encore, insupportable crescendo. Il décide de se mettre lui-même à mort, dans une mort douce d'abord : blessé, il demande à sortir ; Domenech refuse. Captif de l'arène et d'un magma d'angoisse, le taureau fonce sur le torero. Il explose un joueur, pas n'importe quel joueur : celui qui, dans ses mots, agite la cape rouge, mais surtout l'homme qui, fait rarissime, porte aussi ZZ dans son nom : MateraZZi. ZZ prend, en pleine poitrine, à l'endroit du cœur, le coup qui symboliquement tue Zinedine Zidane. Apothéose d'un drame.

CHAPITRE 4

L'aura de Zidane

« L'aura est l'apparition unique d'un lointain, aussi proche soit-il[1]. »

Une apparition, une présence inexpliquée, une force qui saisit. Un phénomène unique, une singularité pure, une existence sacrée : parce que c'est lui. Un lointain, un ailleurs, un immémorial : ça semble venir de tellement loin. Et proche pourtant, du fait de mon élan vers lui, proche comme ma part perdue ou rêvée que je retrouve : parce que c'est moi.

Ainsi pourrait parler chaque personne réceptive à l'aura de Zidane. Unique est Zidane, qui apparaît dans un espace et un temps lui étant propres, inscrit dans la continuité de l'histoire (celle des Berbères, celle de la France, celle du football...) mais se

---
1. Walter Benjamin, *L'œuvre d'art à l'époque de sa reproductibilité technique*, Allia, 2011. Comme le développe Walter Benjamin, l'un des effets distinctifs de l'aura, celle d'un paysage, d'une œuvre d'art ou d'un être humain, est d'appeler le spectateur au recueillement silencieux, à la contemplation sacrée.

manifestant ici et maintenant, avec son rayonnement singulier. Unique aussi est la manière qu'a chacun de recevoir l'apparition, de se trouver ému et mû par elle, dans une opération intime, même si elle se produit au milieu d'une foule partageant le même culte.

Décoder l'aura de Zidane, c'est à la fois saisir la nature, unique, du champ vibratoire émis par lui et sa cascade d'effets sur divers groupes d'individus, eux-mêmes uniques.

Halo d'amour

Prodige et mystère, l'aura de Zidane enveloppe tous ceux qui l'approchent. L'histoire a pourtant porté d'autres footballeurs de génie : Pelé, Maradona, Platini qui, à certains égards, fut déclaré plus productif et plus complet que Zidane ; et aujourd'hui Messi, le virtuose aux statistiques exceptionnelles, septuple Ballon d'or. Chacune de ces étoiles a enchanté les professionnels et les stades mais aucune n'a suscité, il me semble, pareil amour ; un amour né de l'or que Zidane a dans les pieds et qui a doré son être entier : Zidane, personnalité la plus aimée des Français durant des années ; Zidane adulé partout dans le monde, au-delà des clivages culturels, ethniques ou religieux ; Zidane, l'homme qui laisse les plus grands experts de la planète, joueurs et entraîneurs, comme soufflés ; Zidane dont le rayonnement fait fondre les puissants.

Les entraîneurs l'aiment

Ce halo d'amour autour de Zinedine Zidane est apparu d'emblée : depuis ses 13 ans, chacun de ses entraîneurs ou presque a incarné non seulement un coach, mais aussi un admirateur, un protecteur, et même une tendre figure paternelle. Robert Centenero à Septèmes, Jean Fernandez à l'AS Cannes, Rolland Courbis à Bordeaux, Aimé Jacquet en équipe de France, Marcello Lippi et Carlo Ancelotti à la Juventus, Vicente del Bosque au Real Madrid...

Tout commence avec Jean Varraud, celui qui recrute pour Jean Fernandez, posant son regard sensible et expert non pas sur des professionnels déjà lancés, mais sur des enfants en devenir. Il fut l'un des premiers à voir scintiller l'or dans les pieds de Zidane : « J'ai vu un gars... Il a des mains à la place des pieds[1] ! » Dès lors, sa foi en Zidane ne le quittera plus, au cours d'une relation ayant duré jusqu'à la mort de Jean Varraud, comme un courant nourri dans le sillage de la première apparition.

Marcello Lippi, se souvenant des débuts de Zidane en Italie, affirme la même croyance indéfectible : « Un jour, il est venu me dire : "Je n'y arrive pas, vous devriez me laisser à la maison." Je lui ai répondu qu'il n'était même pas question d'y penser. "Tu es le plus fort de tous. Tant que je

---

1. Propos cité dans J. Philippe et P. Fort, *op. cit.*, p. 25.

serai là, tu seras toujours titulaire. Tu vois combien je crois en toi?" Le dimanche suivant, il a marqué un but magnifique contre l'Inter[1]. » Seize ans plus tôt, Marcello Lippi avait déclaré, avec un véritable accent tendre: «Il était impossible en voyant Zizou de ne pas l'aider, de ne pas l'aimer... et le protéger[2]. »

Carlo Ancelotti, quant à lui, a eu ces mots: «Il y a des joueurs comme ça, dans le monde, si doués qu'ils nous dépassent [...] Quand tu le vois jouer, tu te dis qu'il symbolise le football tout entier. C'est pour ça qu'il vaut mieux ne pas parler, juste regarder[3]. » Une décennie plus tard, avant de l'affronter comme entraîneur avec le Bayern en 2017, il rend un nouvel hommage à l'aura de Zidane, évoquant cette fois son effet sur ses hommes: «Zidane est déjà un grand entraîneur. Il est très charismatique et ses joueurs le respectent[4]. » Enfin, en 2020, année durant laquelle la question du style propre à chaque entraîneur iconique a singulièrement nourri les débats, Carlo Ancelotti, œuvrant désormais à Everton, a réaffirmé la révolution dont a été porteuse sa rencontre avec Zidane: «Il est le premier joueur qui m'a donné la possibilité de changer de système, de jouer d'une manière différente [...]. Zidane a changé mon idée du football[5]. »

---
1. *L'Équipe*, 2 avril 2018.
2. P. Elkaïm et L. Goldschmidt, *op. cit.*
3. A. Delaporte et S. Meunier, *op. cit.*
4. *Le Figaro*, 14 février 2018.
5. *Sky Sports*, 21 mai 2020.

L'aura de Zidane

Parmi les citations et mots d'esprit attribués au mythique Alex Ferguson, il y a cette phrase : «Donnez-moi dix bouts de bois et Zinedine Zidane, et je gagnerai la Ligue des champions!» Ce trait si drôle prend son poids de sérieux si nous le rapprochons d'une observation faite par le joueur star Zlatan Ibrahimovic : «Quand Zidane débarquait sur un terrain, les dix autres joueurs devenaient excellents. C'était magique[1].»

Il y a, bien sûr, une lecture technique, proprement footballistique, du phénomène : Zidane était un numéro 10 (même si, de fait, il n'a porté ce maillot qu'en équipe de France), au jeu particulièrement généreux de surcroît. Remplissant magnifiquement la fonction de celui qui donne, comme Platini ou Messi, Zidane savait à la fois briller et faire briller les autres. Mais il y a aussi, dans la phrase de Zlatan Ibrahimovic, une très belle allusion à l'aura, comme venant animer tous ceux qu'elle touche. *Animer* signifie, littéralement, donner une âme ou doter d'âme. Il s'agit alors d'un phénomène intime qui, ici, rend chaque joueur excellent et unique parce qu'à l'apogée de lui-même, à l'inverse de ce que serait une sorte de transe collective où chacun se trouverait sous l'influence uniformisante du leader. En ce point réside la différence fondamentale entre l'aura et le charisme, même si ces termes sont parfois utilisés de manière approximative ou

---
1. *Secrets d'actualité*, septembre 2006.

indistincte: l'aura élève (à un supplément d'âme), le charisme soumet (à la séduction, au charme, à l'ascendant, à l'autorité, au pouvoir...).

Même Raymond Domenech, peut-être l'un des seuls personnages qui ait entretenu avec Zidane des relations houleuses, a porté sur lui un regard teinté de sacré. Quand Zidane a été nommé à la tête de l'équipe première du Real Madrid, il a déclaré: «Zidane, lui, c'est un mythe. Un mythe capable de susciter des émotions chez les gens, et pas seulement positives. Ce n'est pas une star lisse. Ce n'est pas un gentil mec. Il est capable de tout, et c'est ce qui en fait un dieu humain.»

Cette déclaration résonne comme chargée, car haine et fascination s'y trouvent juxtaposées, mais elle recèle une grande justesse dans sa manière de cerner l'aura. Une «star lisse», dont la personnalité, quasi reproductible, est construite par l'industrie du spectacle, sert le divertissement du public, n'en exige nul effort et produit sa jouissance. L'aura, qui émane d'une «apparition unique», fait naître une lumière au plus profond des êtres, féconde des idées, éveille une espérance; et parfois des démons. Lui seul pourrait le dire, mais peut-être Raymond Domenech a-t-il été porté, auprès de Zidane, à la quintessence de lui-même.

Les joueurs l'aiment

Du côté des joueurs, c'est l'adoration respectueuse qui s'exprime unanimement. Au fil de sa carrière, Zinedine Zidane a côtoyé les plus brillantes étoiles du football mondial, avec ce qu'un tel statut suppose de narcissisme et de lutte de prestige. Mais leurs mots mettent Zidane hors de portée, en radieuse position d'exception. David Beckham, son partenaire et ami au Real Madrid : «C'est un joueur vraiment unique. Il maîtrise le ballon comme personne. La réaction du public quand il contrôle le ballon est incroyable.» Lionel Messi, dont la carrière a presque exactement croisé celle de Zidane, s'émerveille : «Le voir jouer, le voir dribbler, c'était somptueux[1].» Et le mythique Brésilien Ronaldo, demeuré son ami : «C'est un spécialiste, un maître du football. C'est difficile de voir quelqu'un qui connaît mieux le foot que Zidane [...] on peut dire déjà que l'entraîneur est au niveau du joueur[2].»

Plus encore qu'elle n'a opéré en club peut-être, l'aura de Zidane a puissamment baigné l'équipe de France. Compagnons de son histoire, de son ascension, de son quotidien, d'idéaux communs et pour certains d'une amitié durable, les joueurs de la sélection ont été transportés par Zidane, parfois jusqu'à l'élan mystique : «Il était angélique sur ce moment-là. Je n'ai jamais vu un truc pareil. J'ai

---
1. *Ibid.*
2. SFR Sport, 6 février 2006.

l'impression qu'il n'était pas humain», se souvient Bixente Lizarazu, à propos de la finale France-Brésil de 1998. L'impression qu'il n'était pas humain : sublime et irréductible lointain de Zidane, si proche puisse-t-il être des siens.

Les présidents l'aiment

Remarquable aussi est l'effet que produit Zidane sur les puissants de la planète, présidents des clubs et des nations. Comme désarmés ou sortis de leurs références habituelles, ils reçoivent Zidane en prince d'un autre monde – ainsi, en 2006, Iajuddin Ahmed, président du Bangladesh, puis Abdelaziz Bouteflika, président d'Algérie – et entrent, auprès de lui, dans une mouvance d'amour inusitée chez ces hommes de pouvoir. Rappelons les mots par lesquels Jacques Chirac a célébré – certains ont dit «absous» – Zinedine Zidane, lors de la réception organisée dans les jardins de l'Élysée, le 10 juillet 2006, pour accueillir l'équipe de France après la finale perdue à Berlin : «Cher Zinedine Zidane, ce que je veux vous dire, au moment le plus intense, peut-être à un moment dur de votre carrière, c'est l'admiration et c'est l'affection de la nation tout entière, son respect aussi, mais l'affection et l'admiration. Vous êtes un virtuose, un génie du football mondial. Vous êtes aussi un homme de cœur, d'engagement, de conviction. Et c'est pour cela que la France vous admire et vous aime.»

Assurément, cette affection et cette admiration déclarées ne sont pas les seuls affects ayant animé le président Chirac : des témoins ont rapporté sa colère et son exaspération face au geste fatal ayant conduit Zidane à quitter le terrain ; d'autres ont assisté à sa compassion dans les vestiaires, durant ces longues minutes passées auprès de Zidane encore à vif, pour tenter de le réconforter.

L'aura de Zidane, dont l'une des propriétés majeures, nous l'avons dit, est de susciter l'amour, ramène alors chacun à ses propres démêlés avec l'amour : si la manière d'aimer de Jacques Chirac se caractérise habituellement par une division, ou conflit intérieur, entre une authentique affection et le service de ses intérêts propres (en ceci qu'une victoire de l'équipe nationale en Coupe du monde génère un gain considérable de popularité pour le Président) cette division se manifeste aussi dans le contraste de ses émotions face à Zidane.

Florentino Pérez, l'implacable président du Real Madrid, « consommateur » de treize entraîneurs en quinze ans d'exercice, a lui aussi connu avec Zidane toutes les ondulations du sentiment. Intuition enthousiaste, Florentino Pérez raconte la déclaration faite à sa femme en 1998, depuis les tribunes de la finale de Coupe du monde : « Regarde le joueur numéro 10, si un jour je deviens président du Real Madrid, je le prendrai dans mon équipe[1] ! »

---

1. *Le dernier match, op. cit.*

En 2001, lors d'un dîner de gala organisé par la FIFA, un petit mot, écrit de la main du président Pérez sur une simple serviette en papier, circule jusqu'à Zidane : « Veux-tu jouer au Real Madrid ? » Dans ce billet doux, aussi insolite que romanesque, nous entendons presque les accents d'une demande en mariage transférée dans le champ du football : veux-tu être mon joueur ? La suite des événements a confirmé cette coloration sentimentale et conjugale. Florentino Pérez a dit : « Comme pour Pretty Woman [...] j'aurais été prêt à donner beaucoup plus » ; et « Zidane a été *celui* qui m'a permis de créer le club le plus riche du monde[1] ». *Celui*, dans ce contexte, signifie l'unique, l'élu, mais aussi le magique, l'inespéré : « La magie, seuls quelques joueurs l'ont. C'est difficile à expliquer... juste pour le voir bloquer le ballon [...] juste pour le voir diriger du regard son équipe [...] ce qu'attend le public et qu'aucun autre joueur au monde ne peut proposer. » Pourtant, Florentino Pérez a côtoyé les plus grands.

Depuis 2002, l'union a duré entre ces deux figures si fortes, au fil des séquences, parfois des orages, de la construction commune. Florentino Pérez a protégé et aimé Zidane quand il était joueur, comme le faisait avec ses prodiges le président Santiago Bernabéu, père du grand Real Madrid et modèle de Florentino Pérez. De même,

---

1. *Ibid.*

quand Zidane a mis fin à sa carrière en 2006, le président Pérez l'a gardé dans son cercle, l'assurant de son appui et sa confiance, l'accompagnant dans son évolution jusqu'à l'inscrire dans la prestigieuse lignée des entraîneurs de la Maison blanche.

Fait touchant chez cet homme issu de la matière dure – ingénieur des ponts et chaussées devenu entrepreneur milliardaire dans le monde du bâtiment et travaux publics –, Florentino Pérez laisse affleurer les signes de ses affects ardents, certes corrélés à des intérêts massifs, mais qui semblent le lier authentiquement à Zidane : son visage blême, au bord des larmes, lors de la conférence de presse du 31 mai 2018 annonçant ce départ qu'il n'avait pas vu venir ; puis son discours bienveillant et son sourire radieux au retour de Zidane, dix mois plus tard, alors que le club a connu une année de déroutes. Ce retour n'a pas été de tout repos pour Zidane confronté, dès le début de la saison 2019-2020, à un déchaînement de doutes et de critiques médiatiques allant même jusqu'à prédire son licenciement, notamment au lendemain d'une défaite en championnat, le 19 octobre 2019. Mais le 12 janvier 2020, le Real Madrid remporte le premier trophée de la nouvelle ère Zidane, et Florentino Pérez, jusqu'alors silencieux, renoue avec les déclarations pleines de flamme : « Zidane a une relation amoureuse avec Madrid. Il a décidé de se reposer pendant un an et maintenant, il est revenu avec une énergie nouvelle. C'est une bénédiction du ciel d'avoir Zidane avec nous[1]. »

L'aura de Zidane, loin de s'amoindrir des effets du temps depuis la fin de sa carrière de joueur, s'est au contraire augmentée d'une strate supplémentaire depuis qu'il a émergé comme entraîneur, une nouvelle position d'exception. Le journal *Le Monde* a ainsi écrit, le 2 juin 2018, après la troisième victoire consécutive du Real Madrid en Ligue des champions : « Un grand joueur devenu immense entraîneur. Une exception dans le foot : seuls Johan Cruyff et Franz Beckenbauer le côtoient à ces hauteurs. »

Quelques mois plus tôt, le 9 janvier 2018, le magazine *France Football* avait explicitement nommé l'aura de Zidane comme facteur déterminant de sa réussite d'entraîneur : « La réussite de Zidane tient à la relation qu'il a tissée avec ses joueurs. Jour après jour, victoire après victoire. Son aura, son plaisir d'être au sein de sa famille ont tranché avec la froide théorie de son prédécesseur. »

À nouveau, c'est une atmosphère d'amour qui règne autour de Zidane ; amour de nature familiale entre lui et ses joueurs, amour authentiquement donné et pleinement rendu. De fait, au terme d'une saison 2017-2018 pourtant âpre et difficile, Zidane a obtenu d'eux qu'ils se dépassent et donnent tout

---
1. Conférence de presse à l'issue de la finale de la Supercoupe d'Espagne gagnée par le Real Madrid face à l'Atlético de Madrid, le dimanche 13 janvier 2020 en Arabie saoudite.

pour lui. Cristiano Ronaldo, parfois incontrôlable dans sa splendide rage de gagner, celui qu'aucun entraîneur ne pouvait durablement coacher, a consenti à se laisser conduire par la main unique de Zidane. Sergio Ramos, le capitaine à forte personnalité, seul de l'effectif qui a joué avec lui (en 2005-2006), s'est instauré en noble et loyal protecteur depuis l'arrivée de Zidane à la tête de l'équipe. Marcelo, le latéral brésilien, a multiplié les déclarations et les actes, en particulier dans les moments les plus tendus de la saison 2017-2018, pour réaffirmer son dévouement à Zidane. Ainsi, après l'émouvante offrande faite à son entraîneur sur le terrain face au PSG, Marcelo s'est exprimé pour les médias (15 février 2018) : « Le but que j'ai marqué est dédié à Zidane parce que nous sommes avec lui jusqu'à la mort. »

Le 11 mai 2019, de nouveau titularisé par Zidane alors qu'il était annoncé sur le départ, Marcelo déclare, tout aussi ardemment : « Je suis très heureux de son retour. Tout le monde l'aime. Je ferais n'importe quoi pour lui […] Il connaît mieux que quiconque ce qui se passe dans la tête d'un joueur. Il sait comment nous parler. Il était le meilleur joueur de son époque. Et en très peu de temps, il est devenu un très grand entraîneur[1]. »

Le 22 octobre 2019, alors que le monde du football et peut-être même les dirigeants du Real Madrid

---

1. Déclaration reprise par les réseaux sociaux.

considéraient la rencontre contre Galatasaray en Ligue des champions comme décisive pour le maintien de Zidane à son poste, les joueurs ont délivré, sur le terrain, un message d'amour collectif à leur entraîneur, signifiant, par leur engagement et leur victoire, leur volonté de n'être menés par nul autre que lui.

À l'inverse, par exemple, d'un joueur comme Cristiano Ronaldo, que son gigantesque talent et son culte de l'invincibilité personnelle («Je suis fait pour être le meilleur») rendent époustouflant, mais que personne ne se prend à trouver sympathique ; à l'inverse du célèbre entraîneur José Mourinho (surnommé «the Special One») qui, avançant dans le conflit, en fait alternativement un levier de la victoire ou une dramaturgie de rupture, Zinedine Zidane, joueur comme entraîneur, a toujours vibré sur la fréquence de l'amour, à laquelle répond la réalité d'un statut unique : Zidane, l'homme le plus entièrement, le plus universellement aimé de l'histoire du football moderne.

De quoi sont faits les rayons de son *être*, pour que tous les acteurs et les spectateurs du monde du football, mis en présence de Zinedine Zidane, jouent ainsi le jeu de l'amour ?

Le physique, reflet de l'âme

Il est arrivé à Zidane d'évoquer lui-même son aura. Avec l'humilité caractérisant son discours, il la

L'aura de Zidane

rapporte à son identité de footballeur plus qu'à sa personne propre. Il y consent, l'assume comme le respect attaché à son parcours et à son art, avec une distance qui situerait son aura comme un phénomène lointain, y compris pour lui-même. En 2017, il déclarait, par exemple : « L'aura de joueur permet de bien commencer. Mais au bout de trois semaines, c'est terminé tout ça. Le nom ne compte plus. Les joueurs veulent gagner des matchs, regardent tes idées de jeu, ton travail[1]. »

De nombreuses plumes ont effleuré la question de l'aura chez Zidane, soit en soulignant la phénoménale notoriété et la vénération qui en découlent, soit en la rattachant au style de l'homme. La journaliste et auteure Besma Lahouri constate très justement, mais de manière quelque peu hasardeuse car se plaçant du point de vue des pensées supposées de Zidane : « Durant ce voyage[2], Zidane lui-même en prend conscience : il est un véritable dieu sur terre. En juillet 2007, un court séjour en Indonésie achève de le convaincre de son aura planétaire[3]. » Jean Philippe et Patrick Fort écrivent, à propos de l'arrivée de Zidane à Madrid, en juillet 2001 : « Ce n'est pas un engouement, c'est un raz de marée. Le Real a pourtant accueilli de très grands joueurs [...]. Mais l'aura de Zizou semble tout balayer. Son style, son élégance physique et morale, sa discrétion

---
1. *France Football*, 9 janvier 2018.
2. Au Bangladesh en novembre 2006.
3. B. Lahouri, *op. cit.*, p. 93.

impressionnante qu'un sourire charmeur peut rompre subitement[1]... »

À mes yeux, nous sommes avant tout en présence d'*une aura de puissance physique* (l'énergie), *qui rend son âme visible* (le souffle). Ainsi, l'aura de Zidane est l'expression de l'intelligence de la matière, qui se manifeste dans l'évidence de l'instant, et qui cristallise l'âme dans le corps. En effet, nous ne pourrions parler d'aura si Zidane n'appartenait pas au monde du spectacle vivant, qui met en jeu le corps sur un mode risqué, mouvant, imprévisible, et ne fait vibrer le public qu'en direct : dans l'évidence de l'instant.

De même, le corps de Zidane vient donner forme à son âme, la cristallise, en même temps qu'il est animé par elle. En regardant ce corps déployer sa puissance – évoluer, conquérir, posséder, aimer –, nous pouvons alors saisir de précieux faisceaux de l'être de Zidane.

Une puissance intelligente

Le corps de Zidane incarne une puissance issue, non de la toute-puissance innée, mais de la maîtrise progressive de la matière. En effet, ce corps qui, dès sa venue au monde, n'avait pas tout pour devenir « Zinedinezidane » a dû être façonné, travaillé, perfectionné. Ses qualités originaires sont exactement

---

1. J. Philippe et P. Fort, *op. cit.*, p. 214.

celles que Jean Varraud a captées au premier regard posé sur le jeune homme de 14 ans : « Son toucher de ballon et sa vision du jeu sont hors du commun. Ses gestes ont une subtilité, de la classe[1]. »

Dès son entrée dans le monde du football, Zidane s'y caractérise par sa grande taille (1,85 m à 16 ans, puis 1,88 m définitivement) et une structure longiligne. De l'avis unanime des experts, et d'évidence pour tout spectateur, il est doté d'une aisance lui conférant une gestuelle exceptionnelle, d'une adresse supérieure qui aimante le ballon, d'une stupéfiante rapidité de vision comme d'exécution, et d'un rare sens de l'improvisation. Il voit plus vite, joue plus vite, crée plus vite, ses mouvements joignant la célérité à la complexité, fait des dribbleurs de génie. Ainsi, la puissance physique naturelle de Zidane ne relève pas d'une force sommaire vouée au sport-pugilat, mais d'une force intelligente, génératrice d'un football évolué, avant-gardiste même.

Les manques initiaux, qui coexistaient avec ces prodigieuses dispositions, ont eux aussi été repérés par le binôme des débuts, Jean Varraud et Jean Fernandez. La réaction de ce dernier, tandis qu'il assistait pour la première fois à une séance d'entraînement du jeune cadet, a été relatée : « Fernandez, qui n'est pas un néophyte, est impressionné. Stupéfait, même [...] Et cerne vite les carences et

---
1. *Ibid.*, p. 19.

les qualités de ce frêle virtuose. Pourquoi les recruteurs n'ont-ils rien vu[1]?... » Lent, fragile, lourd furent les qualificatifs péjoratifs posés sur Zidane par certains intervenants du milieu, jusqu'à la période italienne. Pourtant, dès l'AS Cannes puis à Bordeaux, Zidane apportait déjà les preuves d'un vaste potentiel d'évolution.

Aussi travailleur que doué, il a été guidé par ses instructeurs dans l'acquisition de la mobilité sans ballon et le renforcement physique, au fil d'une progression intelligente et régulière, propice à le compléter sans l'abîmer. Guy Lacombe, entraîneur de la première division cannoise, a eu ces mots éclairés : « Il est le prototype du joueur qu'on ne forme pas, mais à qui on inculque avec humilité des principes de jeu et de comportement[2]. »

Quand il rejoint la prestigieuse Juventus de Turin, l'été de ses 24 ans, le cadre se durcit singulièrement, et Zidane fait face au plus rude défi physique de son parcours. Dans cet environnement exigeant, où évoluent plusieurs joueurs-phares, où règne l'impératif de la victoire, la préparation physique est menée de main de fer, par Giampiero Ventrone, surnommé « le Marine », en référence aux commandos d'élite américains. Le corps de Zidane a beaucoup gagné en robustesse depuis ses débuts, mais il se trouve soudain soumis à un violent entraînement d'athlète, enduré dans la souffrance. Il

---
1. *Ibid.*, p. 27.
2. *Ibid.*, p. 73.

traverse pourtant l'épreuve et sa force, aussi solide que virtuose désormais, touche à son apogée pour toute la décennie qui suit (1997-2006). L'œuvre accomplie par Zinedine Zidane, génie précoce, sur son propre corps, trouve alors son expression ultime dans cette magnifique aura de puissance pleine qui, désormais, émane durablement de sa présence physique, même lorsqu'il ne joue pas.

Sa danse d'amour avec le ballon

Qu'il joue, entraîne, ou nous parle, quand Zidane apparaît, il respire l'amour, cet amour fou qu'il a pour le jeu avec le ballon. «Le ballon... du bonheur pur... Je n'ai pensé qu'à ça[1]», a-t-il confié. Zidane aime le ballon dans un corps à corps passionnel : au plus profond de son sommeil, enfant, il dormait en l'enveloppant encore. Il l'épouse au fil des tours de stade, de magie, de danse. Il s'adonne avec lui aux jeux d'enfant, au jeu d'artiste, aux jeux de hasard, aux jeux de lutte et de guerre.

Ses entraîneurs cannois, qui d'emblée ont cru en ses dons, ont aussi pris la mesure d'une telle fibre, témoignant en cela d'une réceptivité de connaisseurs : «Ce jeune joueur, cet adolescent qui découvre un univers, qui côtoie des seniors et va évoluer à un niveau de compétition nouveau, élevé, ne doit en aucun cas être éloigné de ses

---
1. P. Elkaïm et L. Goldschmidt, *op. cit.*

prédilections ludiques. Il aime jouer avec le ballon. Il faut canaliser cet amour[1]. » Dans le monde du sport de haut niveau, et quelle que soit la sensibilité artistique de ses acteurs, « canaliser l'amour » implique forcément en diriger le courant dans le sens des performances physiques et de la victoire. Zidane voulait aussi cela : incarner la puissance des vainqueurs. Aussi a-t-il focalisé son amour dans d'éclatantes démonstrations de force.

9 juillet 2006, finale de la Coupe du monde, septième minute de jeu : Zidane se charge de tirer le penalty qui vient d'être accordé à l'équipe de France contre l'Italie. Dans cette situation de pression extrême qui requiert l'appui d'un roc mental en soi, Zidane a sidéré jusqu'aux professionnels les plus solides. Il choisit un geste de pur risque, de pure adresse, de pur jeu. Devant la panenka, réussie, le monolithe qu'est pourtant Rafael Nadal a vacillé du regard : « Je ne sais pas si c'est un coup de folie ou de génie[2]. » Carlo Ancelotti, lui, s'est incliné : « Il faut être fort et courageux[3]. »

De son propre aveu, c'est aussi par amour du jeu que Zidane est devenu « Galactique ». Expliquant son choix en faveur du Real Madrid, point d'orgue de sa carrière, il a dit : « Équipe de France à part, le Real est la meilleure équipe avec laquelle j'aie joué. Il y a tant de joueurs de grande qualité. C'est

---

1. J. Philippe et P. Fort, *op. cit.*, p. 40.
2. A. Delaporte et S. Meunier, *op. cit.*, les suppléments.
3. *Ibid.*

l'équipe dont j'avais rêvé. J'avais envie d'un football plus joyeux ; je l'ai trouvé[1]. » Les cinq saisons vécues par Zidane au Real Madrid (de 2001 à 2006) ne furent pas qu'une pluie d'étoiles pour le club, qui a connu d'âpres revers, et notamment les deux dernières années. Mais elles ont été constamment jalonnées de moments d'apothéose pour Zidane.

Ainsi, le match de janvier 2003 contre Valence, alors champion d'Espagne en titre : « Une leçon de foot, une symphonie donnée par les virtuoses madrilènes avec à la baguette... magique, un grand Zinedine Zidane. Avec un but, deux passes décisives et une prestation hors du commun, il a enflammé les foules, ses coéquipiers et les journalistes. "Un Mage", a titré *Marca* à la veille de l'Épiphanie[2]. »

Citons aussi le spectaculaire triplé du 15 janvier 2006 face au FC Séville, exploit inédit pour Zidane, offrande faite au public en son ultime saison. Enfin, le récital donné en quart de finale de la Coupe du monde 2006, à l'occasion d'une nouvelle rencontre avec le Brésil, mythique, de Ronaldo : « Au quart de jeu, les Brésiliens baissent pied face à une France conquérante menée par un Zidane exceptionnel. Roulettes, sombreros, passes en aveugle, extérieurs du pied, contrôles parfaits, dribbles et crochets,

---

1. *Les deux vies de Zidane, op. cit.*, p. 226.
2. *Ibid.*, p. 239.

passes courtes et longues à foison : c'est le match parfait ou presque[1]. »

Zidane, au sommet de son art, fait plus que jamais *fusionner puissance et amour*. Constant dans la mise en action de cette équation essentielle tout au long de sa carrière, Zidane a la force de décider la fin quand le maintien d'une telle équation n'est plus réalisable. Au printemps 2006, après deux saisons blanches en termes de résultats, le Real Madrid est en crise, et les joies du terrain comme l'amour du jeu ne peuvent plus s'exprimer. Dans le même temps, la force physique de Zidane, souvent blessé, n'est plus à même de se déployer au niveau requis par sa propre exigence. Zidane annonce sa décision le 26 avril 2006 sur Canal Plus : « C'est surtout mon corps […]. Je ne pourrai pas faire mieux que ce que j'ai pu faire jusqu'à maintenant. Je n'ai pas envie de repartir pour faire une année comme celle que je viens de vivre, ou même celle d'il y a deux ans. » Le choix de Zidane consiste à faire primer, sur toute forme d'intérêt (dont sa dernière année de contrat avec le Real Madrid), la fidélité à lui-même et l'intégrité de son aura.

De là, l'équation peut reprendre vie sous une forme nouvelle, une décennie plus tard. Devenu entraîneur, c'est encore l'amour du jeu qui anime Zidane, qu'il veut insuffler à ses joueurs, et dont procède sa puissance en tant que meneur d'hommes.

---
1. *Ibid.*, p. 309.

David Bettoni, entraîneur adjoint et fidèle ami de Zidane, a apporté ce précieux témoignage, quelques jours après le troisième sacre consécutif du Real Madrid en Ligue des champions : « Zinedine Zidane excelle dans le management, dans le rapport humain. Il demande aux joueurs de prendre du plaisir[1]. »

L'aspiration à la beauté

C'est de cette aspiration que vient aussi le souffle, chez Zidane.

Résultat de leurs dons, de leur travail et de l'excellence atteinte, la plupart des très grands joueurs produisent un football de toute beauté : Pelé, Beckenbauer, Maradona, Platini, Messi, Benzema… Manifestée par Zidane, cette beauté n'est pas une résultante, mais une nécessité existentielle qui devait trouver à s'incarner. Le discours de Zidane ne trompe pas : qu'il porte sur le football ou sur les autres registres de sa vie, la référence à la beauté est constante, lancinante presque, comme la note de base d'une mélodie. La psychanalyse appelle cela un « signifiant-maître » : un mot fondateur, qui gouverne le sujet (l'être humain), et qui ordonne le sens de son discours, donnant à celui-ci sa lisibilité profonde. Aussi le mot « beau » est-il une authentique clé de lecture de Zidane : de son

---
1. *Le Figaro*, 11 juin 2018.

langage, donc de son être et de son âme. «Beau» est, pour Zidane, un point autour duquel «tout s'irradie et tout s'organise» (l'expression est de Lacan); un point qui polarise le sens que Zidane donne aux choses.

Dès lors, il devient logique que son idéal de joueur, celui qu'il a choisi dès sa plus tendre jeunesse pour incarner son modèle, ne fût ni le plus titré ni le plus célèbre, mais le plus beau à ses yeux: «Enzo Francescoli... il était élégant, beau à voir jouer. Je voulais lui ressembler car c'était beau à voir[1]», a confié Zidane. À l'autre extrémité temporelle de sa trajectoire, pour son tout dernier match, c'est toujours la beauté qui gouverne, et à laquelle s'accroche le sens intime auquel touche l'événement: «Je rentre sur le terrain, je me dis: je veux être champion du monde [...] Pour partir en beauté[2].»

Les différents publics, eux non plus, ne s'y trompent pas. Femmes et hommes, sportifs ou philosophes, ils captent qu'une beauté s'exprime dans le football de Zidane. Pour en parler, ils savent trouver les mots de l'émotion pure. Laurent Blanc: «Zizou est toujours beau avec le ballon[3].» Yannick Noah: «Tu vois un geste et ça capture ton imagination. C'est beau, c'est gracieux. Le sourire

---

1. A. Delaporte et S. Meunier, *op. cit.*
2. *Ibid.*
3. *Secrets d'actualité*, septembre 2006.

est magnifique. L'état d'esprit est juste[1]. » David Beckham rapportant les propos de sa femme Victoria : « Il ressemble à une ballerine […] Elles sont tellement agiles, tellement passionnées. Cela se voit dans chacun de leurs mouvements[2]. » L'analogie de la beauté de Zidane avec celle des danseurs a émergé de tous les horizons. Elle a semblé évidente aux journalistes du football : « Nijinski du ballon », a écrit le quotidien espagnol *El País*, en décembre 2003, pour saluer la troisième élection consécutive de Zidane par la FIFA, au titre de meilleur joueur de l'année. Elle a inspiré de nombreuses métaphores aux auteurs ayant écrit sur Zidane. Et elle provient aussi de Zidane lui-même : « Les buts les plus importants, je les ai marqués de la tête. C'est surtout un timing… comme la danse… ça ne s'apprend pas. Tu l'as dans le sang ou tu ne l'as pas[3]. » De tous les buts splendides que Zidane a marqués en équipe de France, celui que lui-même juge le plus beau rejoint en effet l'état de grâce du danseur, quand il frôle le timing parfait : le 25 février 1998, à la vingt-septième minute d'un match amical face à la Norvège, Zidane s'élance vers le but, adresse un appel à Youri Djorkaeff qui lui répond parfaitement par une longue passe en profondeur ; Zidane s'approprie le ballon dans un contrôle du pied sidérant ; et la danse commence, avalant l'espace ; une

---

1. A. Delaporte et S. Meunier, *op. cit.*
2. *Les deux vies de Zidane*, *op. cit.*, p. 248.
3. *Comme dans un rêve*, *op. cit.*

touche de la semelle en pleine course, puis une deuxième, magnifiquement cadencée, puis le tir, si délicat qu'il semble couler de source, cette source qui est le génie même de Zidane.

Jamais, il me semble, la beauté de Zidane ne s'est trouvée démentie. S'agissant de ses actes les plus contestés, comme joueur, comme entraîneur ou comme homme, les reproches publics ont embrassé de multiples considérations (l'impulsivité, l'orgueil, l'impénétrabilité...), mais pas celles de la laideur ni de la vulgarité. Même le geste extrême que constitue « le » coup de tête a été préservé de tout déclassement, au point que le philosophe Ollivier Pourriol y a vu l'étonnante persistance de la beauté : « Il l'a frappé comme on frappe un ballon, de haut en bas, avec force, précision, contrôle. C'est peut-être le plus étonnant : la perfection de ce geste [...]. Zidane frappe et se retire. Nulle trace de colère sur son visage. Toujours aussi énigmatique et maîtrisé. Toujours aussi beau[1]. »

La beauté comme l'amour sont, chez Zidane, des vibrations d'âme qui se sont réalisées dans un corps de puissance. Lorsque ce corps apparaît et que nous en respirons l'aura, elle nous connecte à notre propre rêve d'évolution devenu possible à nos yeux : lieu de plaisir, de joie, d'espérance, qui résorbe la scission entre la matière et l'esprit. Notre

---
1. Éloge du mauvais geste, Nil éditions, 2012, p. 12 et 24.

époque contemporaine, parfois prise par l'orgueil du savoir absolu, tend à mépriser la matière et à la séparer de l'esprit. Reprendre conscience de l'intelligence de la matière comme non coupée de l'esprit, comme force de guérison, de création et d'évolution, c'est retrouver notre part perdue et reconstituer notre propre unité. Ainsi, l'aura de Zidane nous porte à intégrer ce que nous pouvons accomplir, si, comme lui, nous faisons fusionner la puissance physique et celle de l'âme.

Un grand fauve

Telle est l'impression qui m'a saisie lorsque j'ai visionné pour la première fois *Zidane, un portrait du XXIe siècle*[2] : l'aura de Zidane est celle qui, dans la nature sauvage, appartient aux grands fauves. Elle allie la force primale à la noblesse esthétique et comportementale ; la fierté d'une puissance consciente d'elle-même à l'humilité des êtres en prise avec les vérités originelles ; la dangerosité de la vitalité instinctuelle à la douceur des plus belles natures. Elle constitue un point de convergence, ou plutôt de concentricité, entre une énergie archaïque venue de la nuit des temps et une énergie lumineuse telle qu'elle émerge des évolutions les plus abouties.

---
2. *Zidane, un portrait du XXIe siècle*, un film de Douglas Gordon et Philippe Parreno, 2006.

Ce film réalisé par des plasticiens, d'une facture totalement insolite dans le monde du sport, est presque irréel dans l'atmosphère qu'il crée, au moyen d'une véritable performance artistique et technique. Les dix-sept caméras qui couvraient l'espace du stade Santiago Bernabéu, en ce soir du 23 mai 2005, sont restées focalisées sur Zidane pour toute la durée de son match, collées à son corps, à sa gestuelle, à son souffle, sans le moindre ajout de commentaire sonore.

Indissociable de sa puissance, c'est la beauté physique de Zidane que ces images déroulent. Pas une beauté étincelante ni sculpturale, mais une présence à nu, sans aucun artifice, faite de force et de retenue, d'instinct et de majesté.

Son visage, ruisselant d'un effort quasi imperceptible sur son corps, devient lui-même un élément de nature primordiale : il est air et eau ; il est ombres et lumière. L'air, la respiration, le souffle, sur le visage de Zidane, résident dans la sérénité qu'il dégage : aucune mimique ne le déforme, aucune angoisse ne le tourmente. Zidane est sur son territoire, dont il maîtrise parfaitement l'espace et le temps. L'eau, qui coule sur ce visage sans l'altérer, ressemble à un courant qui emporterait toute possibilité de disgrâces physiques telles qu'elles marquent parfois les sportifs en pleine action.

Ombres sont sa concentration extrême, les agacements fugitifs provoqués par les stratagèmes adverses, et les pensées noires qu'il dit le traverser dans les moments où, sur le terrain, les choses tournent mal[1]. Lumière, pure lumière, est son sourire, qui se lève dans l'éclat du contraste, et qui soudain inonde tout, ici en un seul moment du match : son coéquipier Roberto Carlos semble amuser et attendrir Zidane quand il l'incite, du geste, à garder son calme, comme s'il savait à quelle vitesse la sérénité de Zidane pouvait virer à l'orage, comme s'il avait l'intuition de l'incident à venir.

Quant au corps de Zidane, sa beauté se saisit, comme celle d'un grand fauve, dans l'adéquation absolue à son milieu. «Lorsque j'arrêterai, le vert du terrain me manquera. Le carré vert[2]», a dit Zidane.

À l'opposé de la statuaire classique, idéal de sportifs sculptant et exposant leur beauté musculaire à la manière de «dieux du stade», l'esthétique corporelle de Zidane incarne l'art de la nature, en ses œuvres les plus adaptées – l'adaptation est l'un des attributs majeurs des grands félins. Ses mouvements, liés, épurés, exacts, créent des ondulations dans l'espace sans l'accidenter. Son rapport au ballon, originel, harmonieux, magnétique, semble

---

1. Sur certaines images du film s'inscrivent en surimpression muette des phrases qui ont été dites par Zidane aux auteurs. Nous faisons ici référence à celle-ci : «Quand les choses tournent mal, on est peut-être plus attentif aux réactions du public. Quand ça ne se passe pas bien, on se sent moins concentré et plus à même d'entendre les insultes, les sifflets. On commence à avoir des pensées négatives.»
2. D. Gordon et P. Parreno, *op. cit.*; phrase de Zidane en surimpression d'images du film.

révéler qu'ils font l'un et l'autre partie de la même matière, du même champ, de la même énergie.

Ce film restitue la plupart des figures propres à la sublime gestuelle de Zidane sur un terrain de football : de longues courses, des enchaînements vertigineux, des jeux avec la vibration du ballon – bloqué, fixé, libéré, faufilé, envolé –, de la magie chorégraphique, un but somptueux.

L'autre figure française dont la beauté physique a été apparentée à celle des grands fauves est Alain Delon. Sa filmographie, l'une des plus extraordinaires du cinéma européen, reflète parfaitement la jonction, en lui, d'une splendeur animale et d'un immense talent révélé dans le jeu. « Alain Delon, le grand fauve », a encore titré *Le Figaro*, à l'occasion du Festival de Cannes de 2019. La marque mythique Dior n'a pas manqué de saisir le rapprochement entre la beauté de ces deux hommes, pourtant si différents. Choisir Delon et Zidane pour incarner le parfum masculin « Eau sauvage » (même s'ils n'en furent pas les seuls ambassadeurs) signe la captation d'une même atmosphère, d'une onde commune à leur aura.

Mais là où Delon est pure sensualité, Zidane est pure sensorialité. Sur le carré végétal que délimite le terrain, ses facultés apparaissent comme sans cesse en éveil ; éveil presque silencieux, antinomique de tout dessein théâtral. Les dix-sept caméras du film nous plongent littéralement dans l'espace sensoriel de Zidane.

Son regard, si assombri par la concentration que l'on n'en distingue presque plus le vert, saisit, trie, traite en temps réel, à la vitesse de l'intuition, et comme en trois dimensions.

De façon flagrante, l'ouïe constitue un sens prédominant chez lui. Zidane est naturellement auditif, et le bruit du monde devient sa musique. «Quand on est dans le match, on n'entend pas vraiment la foule. En même temps, on peut presque choisir ce qu'on veut entendre [...]. Je peux entendre quelqu'un bouger sur sa chaise. Je peux entendre quelqu'un tousser. Je peux entendre quelqu'un parler à son voisin. Je peux imaginer que j'entends le tic-tac d'une montre[1].»

Zidane prête aussi l'oreille aux signes de ses partenaires et aux manifestations de ses adversaires, presque sans avoir à les regarder, comme si le mouvement humain, pour lui, était d'abord un son.

L'entraîneur de ses 16 ans, Guy Lacombe, avait repéré cette intelligence auditive, indissociable, chez Zidane, d'une intelligence du langage. «Il est quelqu'un de rare [...] apprend par l'écoute. Sa voix intérieure constitue alors la meilleure aide à la mémorisation, mieux que la vue ou le toucher – majoritaires chez les sportifs. Son entraîneur en tient compte, qui pour s'adresser à lui choisit un vocabulaire particulier, riche en mots évocateurs.

---

1. *Ibid.*

Des paroles que le joueur, inconsciemment, retient et interprète mieux que les autres[1]. »

L'image du grand fauve, vibrant de son acuité sensorielle à la fois primitive et incroyablement élaborée, frémissant de sa force physique et instinctuelle, est une représentation qui a toujours fasciné les hommes. Comme un double, mais aussi une limite. Double idéalisé incarné par un roi de la nature, auquel nous identifier ou nous affronter. Limite d'une dangerosité pulsionnelle que la loi humaine nous interdit de libérer.

Zidane, lui, la libère parfois. À la manière d'un grand fauve, puissant et fier : sans dissimulation, sans calcul, sans perversion sadique ; ni dans l'agressivité gratuite ni dans la haine ; mais sans dialectique ni marge de réflexion : dans l'impulsivité réactionnelle aux anomalies que sont pour lui la provocation ou la bassesse au regard de l'ordre naturel.

Alors qu'approche la fin de ce match d'avril 2005 et qu'une obscurité complète est tombée sur le ciel du stade, une altercation éclate, dans une action qui n'impliquait pas Zidane mais l'un de ses coéquipiers. Au sein du désordre mêlant ensuite plusieurs joueurs, chacun venu en soutien des siens, un adversaire irrespectueux s'en prend à Zidane, abolissant la distance de sécurité qu'il est toujours prudent d'observer avec lui. En une fraction de seconde, sans un son, il bondit.

---

[1]. J. Philippe et P. Fort, *op. cit.*, p. 60.

David Beckham, l'enveloppant dans un intense corps à corps, met de longues secondes à calmer Zidane encore à vif, le regard noir. L'arbitre brandit le carton rouge de l'exclusion. Un halo de solitude se forme autour de Zidane tandis qu'il quitte le terrain, entouré de ses coéquipiers, mais comme imperméable à leurs marques de sympathie, comme aspiré par sa propre nuit.

D'un bout à l'autre de la trajectoire de Zidane, ces passages à l'acte ont marqué sa manière d'être. Dans leur genèse, ils ne s'apparentent pas à l'arbitraire d'une star parvenue à un statut la situant, pense-t-elle, au-dessus des lois. Ils constituent au contraire, chez Zidane, une tendance première que tous ses entraîneurs, y compris en équipe de France, ont tenté d'apaiser : « Rolland Courbis, entraîneur et protecteur, […] pas toujours avec succès, va aussi essayer de canaliser l'énergie négative de Zizou, encore trop prompt à réagir violemment[1]. »

L'euphémisme – « pas toujours avec succès » – porte à sourire quand un saut à l'épilogue de l'histoire, douze ans plus tard, nous confronte à l'ultime passage à l'acte de Zidane, en cette finale de Coupe du monde 2006, et, curieusement, à un commentaire public quasiment identique.

Dans une rétrospective intitulée « Zidane, reportage sur une légende des Bleus », cette quatorzième exclusion venant clore sa carrière du joueur est ainsi

---
1. *Ibid.*, p. 110.

mentionnée : « Zidane vient de dévoiler à nouveau au public la part d'ombre qu'il n'a jamais réussi à canaliser [...] un miroir à deux facettes [...] d'un côté un homme doux, gentil, au naturel réservé, de l'autre un sanguin. » « Sanguin »... Le sang farouche et noble de ces grands fauves, que les mythologies ont érigés en dieux – Hercule, le héros grec, revêtu de la peau du lion de Némée, symbole d'invincibilité; Sekhmet, l'Égyptienne; Ishtar, la Babylonienne... – dieux archaïques de force, de colère et de beauté.

« Part d'ombre qu'il n'a jamais réussi à canaliser »... Mais Zidane le veut-il? – lui qui n'a jamais reculé à intégrer cette part ombrageuse de son être, et à l'intégrer à son aura même, comme le suggèrent ici ses mots, tandis qu'il s'exprime sur ce film voué à la nudité du portrait: « C'était moi... L'image c'est moi et pas le ballon... Je me reconnais... Il n'y a pas de triche... Du suspense, un but fabuleux, des gestes... Chose rare, enfin rare!..., je prends un carton... Comme s'il fallait qu'il se passe de tout. » Le visage est radieux, la gestuelle est sereine, la voix est pleine, le regard limpide. Comme s'il fallait, avant tout, la lumière de la vérité. Clarté presque angélique de Zidane. Aura sublime et complexe qui, au cœur de sa puissance, fait descendre la grâce.

CHAPITRE 5

Le pouvoir de mutation de Zidane

« Je ne perds jamais. Soit je gagne, soit j'apprends[1]. »

La France, nation sentimentale dont l'histoire, royaliste et gaullienne, a célébré à plusieurs reprises la rencontre fusionnelle d'un homme et d'un peuple, aime à ce que l'on sonde son cœur. Depuis trente ans, elle ne se lasse pas du très populaire classement biannuel des « 50 personnalités préférées des Français », réalisé par l'IFOP et relayé par de multiples médias. Succédant à l'abbé Pierre à cette place, Zinedine Zidane a été élu six fois « personnalité préférée des Français » entre 2000 et 2007. Durant les sept années qui ont suivi, il est resté classé malgré l'arrêt de sa carrière de footballeur, sa résidence hors de France, et son retrait de la scène médiatique. Après un temps d'éclipse, logique en l'absence de toute activité visible, il réintègre le classement au terme de l'année 2018,

---

1. Nelson Mandela.

directement en sixième place, après s'être trouvé sous les feux de l'actualité pour avoir réalisé l'exploit de gagner trois Ligues des champions consécutives comme entraîneur, mais surtout, pour avoir surpris le monde entier par cet acte éminemment *personnel* que fut son départ volontaire du Real Madrid, en mai 2018.

Personnel : c'est bien sur le facteur humain que se fonde le succès durable d'un palmarès honorant les *personnalités* préférées des Français, dans la double acception du terme, au sens de *figures sociales* présentant une certaine importance comme au sens d'*individualités* se démarquant des autres[1]. Et les Français ne s'y trompent pas : ils n'auraient aucune raison de distinguer le brillant entraîneur nourrissant la gloire d'un club étranger s'ils ne voyaient actuellement en «notre» Zinedine Zidane un nouveau versant de son exceptionnalité, un versant qu'ils admirent et qui les touche.

Ce dont témoigne Zidane à 49 ans, c'est d'un sidérant pouvoir de mutation qui le fait sans cesse progresser, se transformer et se dépasser lui-même. Comme Maradona, il aurait pu s'immobiliser dans l'éternelle aura des plus grands joueurs de l'histoire, mais Zinedine Zidane vit, vibre, croît, défie, risque, croit. Plus singulièrement encore qu'il n'a

---

[1]. La méthodologie témoigne de cette intention par la formulation de la question, posée à un échantillon d'environ 1 000 personnes de 15 ans et plus, statistiquement représentatif de la population française : «Quel(le)s sont les dix Français(es) qui comptent le plus pour vous et que vous trouvez les plus sympathiques?»

joué au football, il joue et rejoue son destin, dans un mouvement perpétuel aussi spectaculaire que majestueux. Jusqu'ici il nous avait enchantés, inspirés, conquis, aujourd'hui il nous enseigne. À mesure qu'il remporte chaque épreuve ou traverse chaque revers, à mesure qu'*il gagne ou apprend*, c'est nous qu'il éveille en incarnant *un exemple* qui vient nous parler d'expansion, de vertus, et des possibles humains.

L'épopée d'un mutant

Dans la science-fiction, un mutant est un être inscrit dans une lignée humaine qui présente des qualités extraordinaires, physiques et psychiques, naturelles mais aussi issues de modifications. La fascination qu'exercent sur le public les sagas de tels personnages tient, à mon sens, au fait qu'elles constituent de scintillantes métaphores de la prodigieuse faculté qu'a l'être humain de se transformer et de faire de chaque nouvel enjeu une occasion d'évoluer. Mieux qu'une métaphore, ces épopées représentent le retour d'un potentiel refoulé (enfoui en nous), que nous détenons tous, auquel nous ne croyons pas forcément en propre, et que nous vivons à travers nos héros préférés. Zinedine Zidane, l'enfant pauvre devenu «Galactique», la star du football mondial se révélant meneur d'hommes, incarne magnifiquement notre pouvoir de mutation, oublié et rêvé.

Une mère aux sources du désir

Au commencement de l'épopée humaine est toujours le désir, cet élan unique et inextinguible qui nous propulse vers nos buts. «Le désir est l'essence même de l'homme», a écrit Spinoza. Le désir est énergie de vie, il est tension créatrice, il est pouvoir d'expression et de développement, il est effort de nos possibles cherchant à venir au jour. Aux premiers temps d'une vie, il y a aussi le manque, éprouvé comme «manque à être» (Lacan), comme défaut de puissance, comme privation, frustration et castration, qui pousse l'homme à se déployer dans le monde. Désir et manque sont nécessairement corrélés, non pour le malheur de l'homme, mais comme appel à ses extraordinaires facultés d'invention. D'expérience, chacun sait combien le manque peut se révéler moteur, portant l'être humain à formuler son désir et à façonner son univers. D'évidence, Zidane a une âme et un corps inondés de désir qui, sous l'effet de son amour fou pour le ballon, l'élance vers le football, son principal terrain d'expression.

Se demander d'où vient le désir qui anime un homme revient à remonter aux sources du mystère de l'être, là où se sont aventurés l'audace et le génie de Freud, puis la psychanalyse après lui. Rappelons le célèbre énoncé de Lacan: «Le désir de l'homme est le désir de l'Autre[1].» L'Autre primordial, dans

---
1. *La direction de la cure et les principes de son pouvoir*, dans *Écrits*, de Jacques Lacan, Seuil, 1966, p. 628. Pour nous montrer précis, ajoutons

la vie d'un enfant, est la mère ; et ce à quoi aspire d'abord cet enfant, c'est au désir de sa mère : le désir du petit homme est que sa mère le désire. Il veut incarner son soleil, son rêve, sa part manquante, sa splendeur phallique. Et quand la mère voit en lui son soleil, son rêve, sa part manquante, sa splendeur phallique, l'enfant est porté par une force immense, cette force du désir de l'Autre qu'il fera sienne. Lacan dit encore : « Le rôle de la mère, c'est le désir de la mère. C'est capital[1]. » Freud, qui se savait l'enfant préféré de sa mère, a toujours vu, dans ce merveilleux statut, une ressource déterminante l'ayant aidé à accomplir son œuvre hors norme. Il a écrit : « quand on a été le favori incontesté de sa mère, on en garde pour la vie ce sentiment conquérant, cette assurance du succès, dont il n'est pas rare qu'elle entraîne effectivement après soi le succès[2] ».

Comme certains génies, grands hommes et héros mythiques, comme Freud, comme Goethe, comme Achille, la force d'expansion de Zidane s'enracine, je crois, dans son lien à sa mère. Et ce lien participe du captivant mystère qui entoure Zidane, car nous

---

que, dans la pensée de Lacan, il n'y a pas d'idéalisation de la mère : le désir de la mère est capital... pour le meilleur et pour le pire. Les péripéties et parfois les désastres inhérents aux amours entre une mère et son enfant en témoignent. Chez Freud au contraire, pourtant peu porté à l'optimisme aveugle, existe une certaine idéalisation de l'amour d'une mère pour son fils, amour qu'il a lui-même vécu.
1. *L'envers de la psychanalyse*, de Jacques Lacan, Seuil, 1991, p. 129.
2. *Un souvenir d'enfance de «Poésie et Vérité»*, dans *L'inquiétante étrangeté*, de Sigmund Freud, Gallimard, 1985, p. 206.

savons peu de choses de Malika et de sa relation intime avec son fils.

Est-ce parce que cette mère se trouve quelque peu effacée par un père dont le discours tend à s'approprier non seulement le savoir d'un patriarche mais aussi les fonctions et sentiments d'une maman? Smaïl Zidane écrit, à propos de ses enfants: «Comme je ne les vois pas beaucoup, j'ai toujours envie de les embrasser. À l'heure du coucher, je vais les border dans leur lit avec des mots apaisants, *comme ma mère le faisait* avec les contes kabyles. C'est vrai, je suis un papa inquiet. La nuit, je ne peux pas m'empêcher de me lever pour voir si tout va bien, s'ils respirent normalement, s'ils n'ont pas trop chaud ou trop froid... J'ai toujours peur pour eux. Inconsciemment, je fais pour mes enfants ce que ma mère a fait pour moi[1].» «Moi, j'ai bercé tout le monde[2]!» Cette manière qu'a le père de s'attribuer les gestes, les soins et même l'inquiétude maternels s'accentue du fait que Smaïl Zidane n'évoque à aucun moment le versant tendre de Malika. Avec une sincérité évidente, il rend hommage aux mérites de sa femme, mais il la présente avant tout comme active – «elle a élevé nos cinq enfants en même temps qu'elle s'occupait de ses douze frères et sœurs, le jour devant les fourneaux, la nuit au chevet des uns et des autres[3]» – et dotée

---
1. S. Zidane, *op. cit.*, p. 131.
2. *Ibid.*, p. 181.
3. *Ibid.*, p. 227.

de traits plutôt masculins : « Malika a la main leste pour celui qui traîne les pieds[1] » ; « Malika plante des fleurs et bricole. Passionnée de mécanique, elle a toujours un tournevis ou une clé à molette à la main[2] ! » Par ailleurs, quand Smaïl Zidane décrit la beauté de la jeune fille qu'il s'apprêtait à épouser – « Le temps d'entrevoir ses grands yeux verts, ses longs cheveux noirs […] Je ne l'ai vue que quelques minutes, mais je suis troublé, sous le charme. […] En un instant, elle est devenue pour moi la plus belle fille du monde[3] » – il ne mentionne nullement la ressemblance entre cette beauté et celle de son fils Zinedine, ce qui, en quelque sorte, gomme la filiation maternelle.

J'ai longuement visionné les rares images présentant Malika Zidane au public. Elles datent de 2006, prises lors du voyage en Algérie effectué par Zidane et ses parents, et de 2007, alors que Malika était interviewée pour le documentaire *Le dernier match*[4]. La beauté et la noblesse naturelle de cette femme alors âgée de 60 ans m'ont, non pas sauté aux yeux, mais doucement imprégnée au fil des arrêts sur image. Son splendide regard vert offre la même profondeur de champ que celui de Zinedine, et semble former le seuil d'un monde sensible et vibrant. Sa gestuelle, minimale et juste,

---
1. *Ibid.*, p. 131.
2. *Ibid.*, p. 226.
3. *Ibid.*, p. 108.
4. A. Delaporte et S. Meunier, *op. cit.*

dénuée de toute pose ou posture, est empreinte d'une féminité et d'une présence calmes, presque graves. Ses mots sont simples mais ardents, à la fois exprimés et intériorisés, comme s'ils portaient, au-delà des phrases usuelles, un univers dense et secret : « Même un petit bobo de rien du tout, il semble que pour vous c'est immense. Votre enfant tombe, il se tord. Vous avez l'impression que c'est la fin du monde[1]. » Malika évoque ici les matchs qu'elle regarde en direct (tandis que son mari les visionne en différé, car il a peur de voir son fils se blesser[2]). Cette femme semble connaître la vie, ses apparences, ses vérités, les drames des hommes, et savoir tout porter en elle, pour eux. D'elle émane un mélange de douceur et de force, de mesure et de passion, de silence et de sagesse, lui conférant un charisme discret mais prenant. L'équilibre de yin et de yang, magistralement déployé par son fils, semble chez elle à l'état primordial, celui de substrat intime.

Sur ce substrat de beauté, de désir et d'amour, aux temps les plus originels de sa vie, a commencé à croître celui qui deviendrait Zinedine Zidane.

Pouvons-nous apercevoir plus précisément de quoi était fait le désir de sa mère, ce qu'elle voyait en lui et pour lui ? Seuls de petits signes filtrent mais

---
1. *Ibid.*
2. « Lorsque Yazid est sur le terrain, j'ai peur pour lui, peur qu'on le blesse, peur de tout. Je n'ai presque jamais pu le regarder jouer lors de matchs télévisés en direct [...] on m'enregistre les matchs et je les regarde après coup. » S. Zidane, *op. cit.*, p. 186.

ils sont éloquents. À l'inverse du père qui se distancie du statut rayonnant de son fils[1], sa mère semble faire corps avec lui. Malika reconnaît pleinement la figure de héros planétaire que représente Zidane tout en exprimant qu'elle-même sera toujours habitée par leur lien originel : « Pour tout le monde, c'est un héros. Pour moi, c'est mon enfant[2]. » Cette phrase, prise isolément, pourrait être interprétée comme une opposition entre le personnage du héros et la personne de son fils ; mais l'attitude globale de Malika témoigne du fait qu'elle n'instaure aucune séparation entre les deux et vit aussi dans sa chair ce qui a trait à l'icône incarnée par Zidane : à l'issue du dernier match, au sein de la tribune officielle où se tenait toute la famille Zidane, on voit Malika pleurer dans les bras d'un de ses fils et, telle une simple fan, brandir passionnément le maillot de papier porteur du numéro 5 que des centaines de milliers de spectateurs agitent de concert, en geste d'adieu à leur idole[3].

Besma Lahouri raconte, dans la biographie qu'elle a faite de Zidane : « C'est de cette femme simple et fière qu'il se sent le plus proche. Un été,

---

[1]. Comme je l'ai développé au chapitre 1, Smaïl Zidane se montre ambivalent face au rayonnement de son fils : « [...] quand on dit à Yazid qu'il est un héros, il ne veut pas l'entendre [...] Moi, je préfère dire que je suis heureux [...]. Heureux de savoir que Yazid ne changera pas, qu'il reste le même, c'est notre plus belle récompense. » S. Zidane, *op. cit.*, p. 194.
[2]. A. Delaporte et S. Meunier, *op. cit.*
[3]. *Ibid.*

Michel Drucker fait le voyage de Paris pour venir lui rendre visite chez elle, à Marseille. L'animateur lui avoue qu'il tient par-dessus tout à offrir à ses nièces un maillot dédicacé par Zidane. Spontanément, Malika se rue dans la chambre à coucher. Là, elle ouvre son armoire et en sort quelques exemplaires du fameux numéro 10 à l'intention de Drucker : "Tenez, je vous les offre. Ils proviennent de *ma collection personnelle*. Prenez, j'en ai d'autres." Elle reste une mère, prompte à se laisser attendrir par l'amour des fans de son petit dernier[1]. »

Ce statut de « petit dernier », qui se trouve au commencement de la légende de Zidane, donne l'idée de la tendresse spéciale dans laquelle il a été baigné, même si Malika aime assurément tous ses enfants. Mais il y a autre chose dans le désir de cette mère ; il y a ce que révèle, de façon bouleversante, sa *collection personnelle* de maillots de l'équipe de France. Réunie par une femme ne pouvant accorder le moindre intérêt aux objets eux-mêmes, cette collection me semble constituer un puissant symbole de ce qu'elle a désiré et désirera toujours pour son fils : qu'il soit réellement, ineffaçablement, et pour le plus grand nombre possible, ce footballeur iconique, cet homme adoré des fans, ce héros français appartenant à l'histoire. Chérissant ces maillots, elle chérit ce qui colle au corps de son fils : une vie de footballeur devenue destin hors norme. Mieux

---
1. B. Lahouri, *op. cit.*, p. 129.

que chérir ce destin, elle le désire, et le désirant, elle le suscite. À l'origine des épopées humaines, «le désir de la mère, c'est capital».

Comment Zinedine Zidane a-t-il intégré ce désir pour le faire sien, pour l'augmenter du sien? Souvent, il associe ses deux parents dans ses émouvants témoignages de respect et de gratitude. Mais là où son lien à Smaïl Zidane apparaît comme marqué d'autant de passion que de tourments[1], celui à Malika semble empreint d'une évidence et d'une fluidité signant la sécurité affective que trouve certainement Zidane dans le lien à sa mère, ainsi que la sereine assurance d'être un fils selon son cœur. Zidane sait que Malika a consenti à son immense amour pour le ballon: «Partout où il allait, il avait son ballon sous le bras et même deux», énonce-t-elle avec un tendre sérieux qui contraste avec le ton badin que prennent parfois les adultes pour évoquer les penchants des enfants. Zidane sait qu'à 14 ans, sa mère l'a laissé s'envoler vers son rêve, s'assurant simplement d'un cadre de vie propice: «Mme Zidane ne donne en effet son accord qu'une fois la question de l'hébergement réglée. Solution évidente: la famille Elineau, si sympathique et dévouée, accueillera Zinedine[2].» Depuis qu'il a quitté la maison, Zidane sait qu'il peut téléphoner à sa mère et trouver son oreille aimante quand il le veut, il sait qu'elle est constamment

---
1. Cf. chapitre 1, *Au nom du père*.
2. J. Philippe et P. Fort, *op. cit.*, p. 30.

disponible pour le soutenir de sa présence attentive et nourricière : « Malika, sa mère, vient souvent. Elle apporte chaque fois son réchaud et de la semoule pour lui préparer cette fameuse galette kabyle qu'il aime tant[1]. » Et, plus inconsciemment peut-être, au-delà des gestes visibles, Zidane sait à quel point elle épouse le désir de rayonner qu'il porte si ardemment en lui ; et sans doute est-ce pour cela qu'il associe sa mère à ses plus radieux moments.

Malika se souvient de ce tournant d'août 1994 quand son fils, sélectionné pour la première fois en équipe de France, a pressenti qu'il serait appelé à entrer sur le terrain ; il a alors demandé à sa mère de prolonger son séjour à Bordeaux, où elle était venue le voir avec Smaïl : « "Maman, tu ne t'en vas pas. Je crois qu'aujourd'hui je vais entrer en équipe de France. Je voudrais que tu sois là." C'est là qu'il a marqué ses deux premiers buts. À la sortie, c'était la ruée. Imaginez les suivants, et les suivants[2]... » De même, à l'autre extrémité de sa trajectoire, en juillet 2006, Zinedine Zidane, au sommet de sa splendeur, divin héros d'une épopée trouvant son apothéose, *s'unit* à sa mère au cœur de ces moments uniques : « Lors de la Coupe du monde de 2006, rangeant pour la première fois sa pudeur au placard, Zizou lui adresse des "Maman, je t'aime" par

---

1. B. Lahouri, *op. cit.*, p. 212.
2. Interview de Malika Zidane dans A. Delaporte et S. Meunier, *op. cit.*, les suppléments.

télévision interposée, à chaque interview donnée à Canal Plus [1]. »

Cet épisode de lien entre Zidane et sa mère m'apparaît comme essentiel. Bien sûr, il est naturel qu'un fils associe ses parents aimés aux événements les plus importants de sa vie. Mais la manière qu'a Zidane de le faire n'est pas identique côté père et côté mère. Je l'ai dit, le père a une puissante fonction motrice dans « la réussite au nom du père[2] » qui constitue une vibrante *offrande* au père, pour le célébrer, le rehausser, le dédommager de ses sacrifices, mais aussi lui *demander* sa pleine approbation en se conformant à son idéal moral et en le rendant suprêmement fier. En revanche, quand Zidane déclare son amour à sa mère dans le feu des moments où son destin s'accomplit, il ne s'agit pas d'une offrande. Il s'agit d'*une union;* pur mouvement d'être, qui, abolissant la séparation, abolit aussi les pôles du don et de la demande. Car Zidane sait, peut-être comme on sait une vérité sans même l'avoir formulée, que son désir ultime de gloire et d'éternité, pleinement assumé durant cette Coupe du monde 2006, *est* aussi le désir de sa mère. Malika Zidane, à la différence de son mari, semble *vivre* la consécration de son fils sans distance, sans idéologie, sans attendre de lui qu'il fasse acte de modestie, modère son triomphe, se garde du vertige, demeure le même qu'avant la gloire, ou refuse

---

1. B. Lahouri, *op. cit.*, p. 129.
2. Cf. chapitre 1.

son statut de héros. Aussi, quand les moments les plus éclatants surviennent, n'a-t-elle pas besoin de rejoindre son fils dans son triomphe, puisque intérieurement elle y est déjà, depuis des temps immémoriaux. Au plan de *l'énergie primordiale*, au plan des possibles ardemment convoqués par son cœur, elle a toujours placé son fils dans des mouvances solaires, même si elle ignorait comment celles-ci se matérialiseraient dans les événements à venir. C'est cela, le désir d'une mère, quand il donne sa pleine mesure. Trésor vital originel, qui existait d'avant l'advenue du dieu-père ; terre intérieure en laquelle Zidane puise «ce sentiment conquérant, cette assurance du succès», venant nourrir ses réalisations, pour toujours.

Un héros humain, qui s'affronte aux épreuves

À la différence des fictions qui produisent des super-héros dotés de pouvoirs infaillibles et inaccessibles à la défaite, les histoires de mutants, comme la splendide saga de *Wolverine*, introduisent des personnages à la fois extraordinaires et éminemment humains, qui se blessent physiquement, qui souffrent émotionnellement, qui doivent apprendre à évoluer et à se régénérer. Parfois, ils traversent des périodes ténébreuses, sortes de «nuits obscures de l'âme[1]» en lesquelles ils se

---

1. Cette expression était utilisée par les Anciens pour désigner les épreuves majeures que chacun est appelé à traverser dans sa vie. On

sentent séparés non seulement de leur puissance physique mais aussi de leur flamme intérieure et du sens de leur propre existence. En de telles périodes surviennent des épreuves qui se présentent comme des miroirs de leurs failles les plus profondes, et qui les conduisent à affronter leur plus grande peur – pour Wolverine, ce sera l'amour[1]. Ils réveillent alors en eux une force qui devient leur principal vecteur de guérison. De cette guérison émerge une version augmentée d'eux-mêmes, plus complète, plus accomplie et curieusement plus attachante.

Zinedine Zidane, figure extraordinaire par son aura et son destin, a connu et connaît encore des difficultés face auxquelles il témoigne de vertus simples et universelles qui nous le rendent formidablement proche et sympathique. C'est pourquoi nous l'élisons régulièrement parmi nos personnalités préférées, celles dont le rayonnement nous rencontre et nous parle au cœur de notre propre vie.

Avant toute chose, Zidane travaille. Comme en ont attesté tous ses formateurs, coéquipiers puis

---

la trouve notamment chez les auteurs des manuscrits de la mer Morte, publiés en France sous le titre *Écrits gnostiques*. *La bibliothèque de Nag Hammadi* (Gallimard, 2007). La grande richesse narrative de certaines sagas de mutants tient au fait que celles-ci puisent aux sources des savoirs spirituels, des grands mythes et des vérités éternelles de l'humanité.

1. *Logan*, sorti au cinéma en 2017, est le dixième et dernier film de la série des X-Men. Hugh Jackman y incarne, pour l'ultime fois, le héros Wolverine qui, connaissant désormais son vrai nom, Logan, fera face à son histoire, à ses failles et, avant de mourir, rencontrera ce qui constitue sa plus grande peur mais aussi son ultime mutation : l'amour de son enfant.

collaborateurs dans le cadre de ses fonctions d'entraîneur, comme Zidane l'a toujours précisé lui-même, sa réussite s'est édifiée sur un socle d'effort constant: «Des gens pensent que tout est toujours simple pour moi, que je fais tout à l'instinct, mais c'est faux. Que ce soit comme joueur ou comme entraîneur, j'ai toujours bossé [...]. Je me suis préparé à ce que ce soit compliqué[1].»

Compliquées, les choses l'ont été dès le commencement de sa trajectoire, qui se présentait comme «l'itinéraire d'un enfant peu gâté». Issu d'un milieu des plus pauvres, marqué par des origines qui, depuis la guerre d'Algérie et le développement de l'immigration en général, ne sont pas aisées en porter en France[2], Zidane a accompli une première mutation qui a fait de lui *un exemple d'intégration réussie*. En ligne avec les valeurs paternelles, il a misé sur le travail et sur l'esprit, non de rébellion, mais de collaboration: «Mon père m'a toujours appris à écouter les autres, à les comprendre et à les respecter. Je pense que ce genre d'attitude m'a beaucoup servi [...] Je le sais, aux yeux de certaines personnes, le fait d'être né en France ne suffit pas à

---
1. *Grazia hommes,* hors-série automne-hiver 2018-2019, p. 56.
2. Smaïl Zidane écrit à ce propos: «Pour nous, la situation est très inconfortable [...] Dans les rues, le métro, on commence à regarder les Algériens d'un autre œil. Bientôt, en 1958, on interdira aux travailleurs nord-africains de circuler entre 21 h 30 et 5 h 30 du matin [...] À Paris, l'atmosphère n'est évidemment pas à la fraternité. Pourtant [...], je n'ai pas eu à me plaindre d'actes ou de propos racistes à mon encontre.» S. Zidane, *op. cit.,* p. 97 et 98.

nous légitimer comme Français. Ils estimeront toujours que nous ne sommes pas chez nous. Alors le respect de l'autre peut nous aider. Et quand je dis respect, je ne dis pas servilité[1]. » Appuyant le déploiement de ses dons sur un travail intense, physique et moral, Zidane a rapidement obtenu la reconnaissance sociale suffisante pour qu'il puisse *choisir* comment harmoniser les deux pôles ethniques de son identité. Invariable depuis, sa voie consiste à se penser comme pleinement français, en assumant ses origines au titre d'un patrimoine filial, mais sans les cultiver dans sa propre évolution.

À la différence de son frère aîné, Zidane a effectué son service militaire en France (au bataillon de Joinville, sous la direction de Roger Lemerre[2]), et – est-il besoin de le rappeler – s'est fidèlement, passionnément donné à l'équipe de France. Il n'a séjourné que deux fois en Algérie ; une première fois enfant, en 1984 – « Voir les images de *La Colline oubliée*, cela m'a ramené au temps de mes 12 ans. Un bel été chez mes grands-parents en Kabylie. Les montagnes, les maisons, le chant de la langue berbère. J'ai frissonné[3] » – puis vingt-deux ans plus tard avec ses parents, à Alger à l'invitation du président Bouteflika, et dans un village kabyle ayant subi un séisme dont Zidane a aidé à réparer les

---
[1]. *L'Équipe*, 2 mars 1997, *op. cit.*
[2]. J. Philippe et P. Fort, *op. cit.*, p. 96.
[3]. *L'Équipe*, 2 mars 1997, *op. cit.* Zidane s'exprime à l'occasion de la sortie sur les écrans parisiens du premier film en langue berbère, *La Colline oubliée*.

dommages via la Fondation de France. À propos de ce voyage, Zidane a déclaré : « Je suis fier de mes origines. Certains me reprochaient de ne pas être venu plus vite. J'avais certainement mes raisons... » Zidane hésite et complète : « raisons professionnelles... Les gens sont contents de me voir et ça, c'est *assez* touchant pour moi[1] ».

La réticence perceptible dans ces propos s'éclaire d'un épisode antérieur, rapporté dans la biographie de Besma Lahouri : « Le 16 septembre 2002, le pape Jean-Paul II invite les joueurs du Real Madrid [...] Alors que la visite tire à sa fin, un dirigeant du club reçoit un appel téléphonique [...] Juan Carlos en personne [...] il a une petite faveur à solliciter : Zidane pourrait-il assister au déjeuner officiel prévu le 2 octobre en l'honneur du président algérien Bouteflika ? [...] Surpris, Zidane hésite, avant de refuser poliment [...] en quittant la pièce, il se retourne, revient sur ses pas et lance, avec un sourire légèrement ironique : *"Tu sais, je suis français"*[2]. » Dès lors, le voyage de Zidane en Algérie ne peut prendre pour lui la signification d'un *retour* au pays, comme voudraient sans doute le voir ceux qui ont intérêt à faire de lui l'archétype du bon-immigré-ayant-réussi. Zidane a dit : « Certains me reprochaient de ne pas être *venu* plus vite », et non pas « *revenu* plus vite ». Ainsi, Zidane est venu rendre visite à la terre de ses origines, il est

---
1. A. Delaporte et S. Meunier, *op. cit.*, les suppléments.
2. B. Lahouri, *op. cit.*, p. 98.

venu honorer l'histoire de ses parents, il est venu secourir ceux dont le sort le touche à ce titre.

En homme libre – telle un clin d'œil du destin, doublement présente dans son nom, la lettre Z est le symbole de l'*amazighité*, et *Amazigh*, nom originel pour désigner un Berbère, signifie «homme libre»[1] – Zinedine Zidane se soustrait à toute instrumentalisation politique ou communautariste et n'entre dans aucune forme de militantisme. Il se présente simplement comme le meilleur qu'il puisse être, pour lui-même et pour les autres. Il témoigne en même temps d'une sensibilité à ses racines berbères, d'un idéal patriotique le conduisant à porter haut les couleurs de la France, et d'un désir de progression l'ayant amené à déployer son talent à l'étranger, au sein des plus grands clubs du monde. Parti d'une situation qui n'avait rien de providentielle, travaillant sans cesse sur lui-même, réinventant son exemplarité par des vertus d'abord siennes mais qui viennent rencontrer les valeurs de notre société, il nous permet de reconnaître en lui le meilleur de la France contemporaine. Et là réside sans doute la plus grande ligne de sa trajectoire, la plus ample de ses mutations.

Au sein de cette trajectoire, Zidane a eu à surmonter toutes sortes d'épreuves : affectives, physiques, sportives et existentielles. Dès 14 ans, il a connu la déchirure sentimentale qu'a représentée

---
1. *Les Collections de l'Histoire*, trimestriel, janvier 2018, «Les Berbères», p. 18.

son départ du foyer familial, tandis qu'il s'élançait vers la gloire. Au fil de sa carrière, il a essuyé les critiques ou les doutes quant à son efficacité et son potentiel de joueur, non seulement à ses débuts mais aussi à chaque arrivée dans un nouveau club. Avant d'en devenir l'étoile, au cours de la saison 1996-1997, son acclimatation à la Juventus s'est faite dans la souffrance physique (du fait des méthodes d'entraînement), et dans l'inquiétude morale (jusqu'à ce qu'il commence à marquer des buts). À l'été 2001, son écrasante célébrité auprès du public madrilène et son intronisation au sein des Galactiques ont causé une telle onde de choc et fait peser sur lui une telle pression que son jeu s'en est trouvé affecté ; et il a failli tout abandonner : « Président, j'ai une chose importante à vous dire. J'ai décidé d'arrêter le football, de mettre définitivement un terme à ma carrière. Je n'en peux plus. Je suis désolé[1]. »

Avec l'équipe de France – « la plus belle chose qui me soit arrivée », dit-il, celle qui, avec le sacre mondial de 1998, l'a effectivement projeté dans une nouvelle dimension –, Zidane a aussi connu des revers. À l'été 1996, après avoir subi un accident de voiture, il est touché physiquement et ne peut livrer tout son talent à l'équipe de France, qui est éliminée en demi-finale de l'Euro[2]. Lors de la Coupe du monde 2002, Zidane a vécu simultanément

---
1. F. Hermel, *op. cit.*, p. 108.
2. A. Delaporte et S. Meunier, *op. cit.*

l'épreuve d'une blessure invalidante et celle de la débâcle française, dès le premier tour. De même, l'Euro 2004 lui a été amer : nouvelle déception du fait de l'élimination de la France (en quart de finale) et sentiment de trahison lié à l'esprit délétère du collectif. La saison suivante (2004-2005) est toujours illuminée par son talent parvenu à son apogée, mais aussi marquée d'une série de pertes pour Zidane : d'abord son retrait de l'équipe de France (il ne sait pas encore qu'il reviendra), puis une saison blanche de titres avec le Real Madrid, puis la douloureuse conscience des limites de son corps qui détermine son choix d'arrêter sa carrière de joueur. En tant qu'entraîneur, Zidane a connu divers obstacles et atermoiements avant d'être nommé à la tête du grand Real Madrid, mais sa première lourde épreuve est certainement la tempête de janvier 2018, qui l'a personnellement frappé après la défaite en Coupe du Roi et le retard irrémédiable pris au classement de la Liga.

Dans l'adversité, Zidane revient toujours aux fondamentaux : persévérer, garder confiance, travailler encore et encore. Citons deux exemples. En juin 2015, tandis que Zidane entraîne le Castilla (équipe réserve du Real Madrid), Carlo Ancelotti est remercié par Florentino Pérez et Zidane aspire à prendre en main l'équipe première ; mais le président choisit l'Espagnol Rafael Benitez. Racontant l'épisode, Frédéric Hermel souligne la manière qu'a Zidane de ne pas s'attarder dans la déception et de se remettre à l'ouvrage : « Je sens le Marseillais un peu déçu de ne pas avoir sauté de classe, mais c'est finalement son côté philosophe qui semble l'emporter : "C'est que mon heure n'était pas venue… Il faut l'accepter." […] Et c'est avec le courage de celui qui ne renonce jamais qu'il reprend le collier de la troisième division[1]. » Plus rudes pour Zidane furent les turbulences qui suivirent son retour au chevet de l'équipe en déroute, en mars 2019 : après la période de grâce dont bénéficient les sauveurs, Zidane a dû endurer toute la frustration d'un public madrilène qui ne supportait pas le passage à vide de son club et ne laissait pas à son nouvel entraîneur le temps nécessaire à la refondation d'un système de jeu. Quelques mois plus tard, le Real Madrid commence à retrouver son rang et le haut du classement de Liga. Interrogé sur les moyens lui ayant permis de réussir cette première phase de redressement, Zidane réaffirme sobrement son credo : « Pour retrouver le succès, je ne crois qu'au travail et à la patience[2]. »

De sa plus grande épreuve naît la plus belle des surprises

Parmi toutes les épreuves dont a triomphé Zidane, la plus extrême, sa « nuit obscure de l'âme », réside certainement dans le drame de 2006 : *le* coup

---
1. F. Hermel, *op. cit.*, p. 134.
2. *RMC Sport*, 12 janvier 2020.

de tête et ses suites, non pas tant pour sa carrière – le monde entier l'a immédiatement absous et réenveloppé d'amour – que pour son état intérieur. *Dix ans pour guérir*: là réside, je crois, la signification profonde de son retrait de la scène publique et de sa longue préparation à la phase ultérieure de sa vie. Guérir du choc survenu au cœur de son être, guérir son mariage, guérir d'un certain rapport aux femmes, guérir de son père au sens de l'implacable injonction d'irréprochabilité intriquée à son amour pour ce père, guérir spirituellement peut-être d'une foi ébranlée en son étoile. Et guérir de sa plus grande peur: être pleinement homme et s'assumer comme tel, avec son génie, sa faille, et son rêve d'éternité.

À sa manière, si émouvante, d'épouser la vérité en peu de mots, Zidane nous dit tout cela. Lors de l'interview intimiste intitulée « Zidane à cœur ouvert[1] », le journaliste Christian Jeanpierre repasse devant lui les images du 9 juillet 2006, et lui demande quel souvenir il garde de cette Coupe du monde. Zidane qui, l'œil assombri et concentré, ne s'est pas détourné des images, répond sans réticence: « Forcément mitigé. Mitigé parce que je me suis préparé à la gagner. Je savais que j'allais arrêter. J'allais arrêter ma carrière. Alors j'avais tout mis en œuvre pour que ce soit... » Zidane fait un geste sphérique évoquant le Tout, le Plein, le Solaire et

---

1. *Téléfoot*, septembre 2017, *op. cit.*

revient à un mot minimal: «bien. Puis finalement mitigé, parce que la sortie, elle est moyenne. Mais elle fait partie de ma carrière, elle fait partie de ma vie, elle fait partie des choses qui ne sont pas agréables mais qui sont... qu'il faut accepter, qu'il faut accepter [Zidane répète], qu'il faut...». Geste caractéristique chez lui en cas de sujet délicat et crucial, Zidane aspire entre ses lèvres serrées, puis il reprend: «qu'il faut *diriger*, qu'il faut *digérer*, pardon!» Interdit, Zidane s'arrête, prenant conscience du lapsus qu'il vient de faire. «*Diriger?*», interroge-t-il alors doucement, comme vers lui-même. Puis il rit, beau joueur face au dribble langagier que vient d'accomplir son inconscient: s'appuyant sur le mouvement du mot adverse, *digérer*, le mot qui représente le camp de l'inconscient, c'est-à-dire du désir, s'est faufilé *diriger*. But! À la fois efficace et stylé: du Zidane dans le texte, c'est le cas de le dire.

Quel était ce but? La signification du lapsus me semble à la fois poignante et sublime. En 2017, Zidane parle, avec émotion encore, du douloureux chemin qu'il lui a fallu parcourir pour intégrer à son être l'événement de 2006. Dix ans pour *digérer*, pour guérir. Substitué à ce terme a jailli le mot de la vérité, *diriger;* celui qui, sous la forme codée du lapsus, représente secrètement le désir, comme Freud nous a appris à le lire. «Le coup de tête de 2006, ma sortie, fait partie de ma carrière, de ma vie, des choses qu'il faut accepter, qu'il faut *diriger*», dit Zidane, en substance. À un premier niveau de lecture, Zidane exprime son désir de maîtriser ses forces intérieures ; il veut reprendre la main sur ses sentiments et ses actes, en redevenir le sujet plutôt que s'en trouver l'objet (comme lors du passage à l'acte de 2006) et se voir condamné à les ruminer péniblement jusqu'à les *digérer*. À un deuxième stade d'interprétation, Zidane veut *rediriger* les énergies ayant explosé dans *le* coup de tête, il désire les mettre au service d'une création, celle de son à-venir, et celle de l'homme qu'il aspire à devenir. Parce qu'en dernier ressort, c'est bien de l'homme qu'il s'agit. Cela aussi, Zidane l'a dit, à peine quelques jours après le coup de tête : « C'est des choses très personnelles [...] et puis des mots très durs, quoi. Donc vous l'écoutez une fois, et vous essayez de partir. C'est ce que je fais, parce que je m'en vais, en fait. Vous écoutez deux fois, et puis voilà, et la troisième fois... *Moi, je suis un homme, je suis un homme avant tout* [...][1] »

Je l'ai dit, le drame absolu qu'a vécu Zidane, en ce fatal 9 juillet 2006, était le dénouement poignant d'une tragédie intime. Avant tout, une tragédie d'homme. Mais «moi, je suis un homme, je suis un homme avant tout» – que certains commentateurs ont interprété à charge comme signifiant «moi, je ne suis qu'un homme, un homme seulement» – portait aussi en germe une signification grandiose, une promesse encore inconsciente d'elle-même :

---

1. Canal Plus, interview donnée à Michel Denisot, 12 juillet 2006.

« moi, je suis *un homme, pas moins* ; *un homme, plus que tout*[1] ». Et l'homme, seul entre toutes les espèces vivantes, par nature comme par dessein, est un créateur infini, un transformateur de sa propre énergie par l'opération de sa conscience, un mutant perpétuel.

« Moi entraîneur ? Jamais[2] ! » avait affirmé Zidane en 2005, tandis qu'approchait la fin de sa carrière de joueur. Sans ce drame de juillet 2006, sans cette « nuit obscure de l'âme » lui ayant présenté le miroir de sa faille la plus terrible, peut-être Zidane n'aurait-il jamais opéré cette nouvelle mutation l'ayant conduit à devenir entraîneur, à devenir tout court. Peut-être se serait-il statufié en héros éternel, mort en quelque sorte ; peut-être ne serait-il jamais revenu sur les terrains de football, vers un nouveau champ d'expression de lui-même, pour nous y offrir une version plus accomplie, plus attachante de son être. *Un homme plus encore.*

« Soit je gagne, soit j'apprends »

« *Pour retrouver le succès*, a expliqué Zidane, je ne crois qu'au travail et à la patience. » Entendons-le bien : tout, chez Zidane, est tendu vers l'objectif de *gagner*. S'il croit aux vertus fondamentales qui suscitent l'adhésion populaire, c'est dans un esprit

---

1. C'est aussi la thèse développée dans un texte, magnifique, d'Ollivier Pourriol, *Éloge du mauvais geste*, Nil éditions, 2010, p. 23.
2. F. Hermel, *op. cit.*, p. 124.

entièrement dédié à la réussite. Tous les professionnels du football, qu'ils collaborent avec lui ou l'affrontent, le savent. «Raheem Sterling [joueur de Manchester City] loue le travail de Zinedine Zidane à la tête du Real Madrid», rapporte le quotidien espagnol *As* à l'approche du huitième de finale aller de Ligue des champions 2020 opposant Manchester City au Real Madrid; et *As* cite le joueur: «Je pense qu'il est très difficile de remporter tant de fois la Ligue des champions, surtout d'affilée. Je ne pense pas que ce soit de la chance, c'est définitivement *une formule*. Certaines personnes ont cette *mentalité gagnante* et *Zidane gagne par tous les moyens*.»

Le code secret de la victoire

Cette remarque, très juste, témoigne d'une certaine profondeur d'approche: assurément, Zidane détient *le code* qui le met sur la longueur d'onde de la réussite. Qu'il gagne par tous les moyens ne signifie certainement pas que tous les moyens lui sont bons, car Zidane, épris de beauté, n'est jamais indifférent à l'art et la manière. Mais *il peut gagner par plusieurs chemins*, grâce à une formidable capacité d'adaptation qui lui permet de muter pour garder l'axe du succès. Les réseaux sociaux des spécialistes le soulignent quand ils titrent, par exemple, «Zidane ce coach défensif», et expliquent: «Sur le terrain, Zinedine Zidane était un magicien […] L'ancien numéro 10, fan du beau jeu forcément, montre pourtant cette saison une réelle qualité d'adaptation. Le technicien français a sans doute compris qu'il ne disposait pas d'éléments offensifs capables de faire des différences à tout moment [...] Alors désormais, c'est parole à la défense [...] le Real n'encaisse qu'un but toutes les 260 minutes [...]. Ce qui n'empêche pas le secteur offensif de carburer[1]. »

Le milieu du football qui, comme toute société du spectacle, se plaît à mettre en scène des duels de géants, oppose déjà Zinedine Zidane à l'emblématique Pep Guardiola pour déterminer lequel de ces deux hommes est le meilleur entraîneur au monde : « Pourquoi Zinedine Zidane n'est pas encore à la hauteur de Pep Guardiola ? Zidane a un savoir-faire, Guardiola a du génie. Le Français [...] est conscient qu'il ne pourra jamais égaler la trace laissée par Guardiola sur le jeu. Tout simplement parce qu'il a toujours insisté sur le fait qu'il n'est ni un penseur ni un tacticien de génie. "Je n'ai pas inventé le football, *je veux juste amener mon savoir-faire*", disait Zidane lors de sa première saison avec l'équipe A du Real. [...] Cela ne retire rien aux exploits réalisés par Zidane. Remporter trois C1 consécutives pour ses trois premières saisons au plus haut niveau est un fait d'armes inédit que n'aura jamais Guardiola[2]. »

Je pense que le savoir-faire de Zidane – celui qui le rend unique parmi toutes les grandes figures

---
1. *Sports.fr*, 13 février 2020.
2. *FranceTVinfo*, 26 février 2020.

connaissant elles aussi parfaitement le football – est avant tout un savoir-être, et plus précisément *un savoir-être avec la victoire*. Ne se positionnant pas en théoricien du football, Zidane n'est pas prisonnier du plan cérébral voire égotique de la pensée, qui consiste à aborder les choses par des mécanismes rationnels (idéologies, stratégies, statistiques…) et à vouloir maîtriser chaque étape du processus de mise en œuvre. Que Zidane transcende les limites de la pure cérébralité ne signifie pas qu'il mésestime la technique et n'utilise pas ses connaissances. Zidane sait réfléchir en expert, mais ne s'enferme dans aucun principe d'action. Dès lors, il s'adapte aux conditions, aux hommes, aux temps ; mais surtout, il est focalisé sur ce but ultime qu'est la réussite et il active en lui une force intérieure qui devient pensée créatrice.

Trois situations, qui viennent jalonner l'ensemble de sa trajectoire, illustrent cette étonnante aptitude mentale. Zidane revient sur son enfance, au cours de laquelle le rêve a pris forme : « Quand j'étais petit, je m'amusais à commenter *mes* actions sur le terrain. Mais ce n'était pas vraiment ma voix. C'était la voix de Pierre Cangioni […]. Chaque fois que j'entendais sa voix, je courais vers la télévision. J'étais attiré […]. Ce n'était pas vraiment ses mots qui étaient importants. C'était le ton, l'accent, l'atmosphère dans sa voix *qui faisaient tout*[1]. » Cette

---

1. D. Gordon et P. Parreno, *op. cit.* ; phrase de Zidane en impression d'images du film.

confidence, peu banale, nous montre que Zidane ne se contentait pas de rêver : jour après jour, il avait rendez-vous avec le Zidane qui était *déjà* joueur-vedette ; il *se voyait* en situation et *ressentait au présent* les émotions attachées à cette réalité ardemment désirée.

Zidane a raison : ces séances de visualisation, en lesquelles certains facteurs «faisaient tout», avaient une efficacité ; elles détenaient une force agissante qui, en effet, ne provient pas des mots eux-mêmes. Ce qui opère, c'est la puissante énergie du *sentiment*, sentiment chaque fois ravivé en lui par «le ton, l'accent, l'atmosphère». Ce sentiment ardent, sans équivoque, éprouvé *dans son corps* à travers tous ses sens, comme si son désir était déjà réalisé, comme si sa prière était déjà exaucée, transforme constamment Zidane en ce qu'il veut être : un vainqueur. «Le sentiment *est* la prière», a dit un magnifique maître bouddhiste depuis le cœur du plateau tibétain, l'un de ces lieux où sont conservés les savoirs spirituels de l'humanité dans leur version la plus puissante et la plus pure[1]. Intuitivement, Zidane sait qu'*en son cœur* – en son amour fou pour le ballon, en son aspiration au succès – réside un immense pouvoir, qui ne remplace pas celui du travail et des dons, mais le complète. Zidane sait synchroniser son énergie et la fréquence de la réussite.

---
1. Gregg Braden, *Les secrets de l'art perdu de la prière*, éditions Trédaniel, 2006, p. 8.

Le pouvoir de mutation de Zidane

Deux autres épisodes démontrent exactement ce phénomène. S'exprimant sur le but mythique marqué en 2002 lors de la finale de la Ligue des champions, Zidane nous révèle ce qui s'est passé dans son esprit : « *Tu te mets juste sous le ballon, et tu fais le geste parfait*[1]. » Cette image mentale est aussi une visualisation créatrice d'autant plus puissante que, dans un contexte enflammé par l'enjeu et la ferveur du stade, elle était à coup sûr investie de sentiments intenses. Devenu entraîneur, Zidane a su insuffler une énergie gagnante à un autre moment crucial, en finale de la Ligue des champions 2018, tandis qu'il s'adressait à ses hommes dans le vestiaire, durant la mi-temps[2]. Avec un score de 1-1 face à la Juventus, tout restait à faire pour décrocher le titre. Sur le plan tactique, Zidane a demandé à ses joueurs d'être plus agressifs, non pas agressifs *contre* l'adversaire, mais agressifs *pour* « être plus proches les uns des autres », *pour* « plus de rythme », *pour* aller « vers l'avant ». La distinction peut paraître subtile, dans le cadre d'une compétition où il s'agit forcément de vaincre le rival, mais elle est décisive quant à la nature de l'énergie mobilisée. En effet, il n'est pas équivalent de se focaliser sur le fait de contrer l'adversaire voire de contrer la défaite (dans un esprit de pugilat, de rébellion voire de rage), ou d'appeler la victoire par la recherche de l'union et

---
1. *FranceTVinfo*, 26 février 2020.
2. Après le match, le Real Madrid a rendu public ce discours de Zidane, encore accessible aujourd'hui sur les réseaux sociaux.

du rythme parfait – les Américains ont une très belle expression pour désigner cet état de conscience optimal conduisant les athlètes et artistes aux plus hauts niveaux de performance : *in the zone*. Après avoir incité ses hommes à entrer dans l'esprit de la réussite, à en épouser le flux, Zidane a conclu son discours par la puissance de la visualisation, énergisée par le sentiment : « Il faut souffrir, mais avec sérénité, en pensant au but qu'on va marquer. » En termes plus spécifiques (mais certainement moins adaptés à son audience), Zidane aurait pu dire : « Il faut donner le maximum, avec un sentiment de certitude confiante, en voyant déjà, en vivant déjà le but qu'on va marquer. » De fait, l'équipe a inscrit trois buts durant la deuxième mi-temps, offrant au Real Madrid et à son coach une victoire étincelante de panache. Allier pouvoir intérieur et action juste, pour que les forces créatrices se mettent en mouvement : telle est, parfaitement maniée par Zinedine Zidane, la formule gagnante, le code de la victoire.

Un insatiable désir de progression

Dans cette focalisation ardente sur la réussite, forcément élitiste, Zidane s'y prend merveilleusement bien, sans arrogance, sans l'impudeur d'un culte égotique qui donnerait au public le sentiment d'être mis à l'écart, comme cela se produit, par exemple, avec Cristiano Ronaldo quand celui-ci affirme : « Peu importe que l'on joue bien ou mal, le plus important est de gagner[1]», ou «Je ne vois personne meilleur que moi. Aucun footballeur ne réalise des choses que je ne sois pas capable de faire moi-même [...] Je suis le meilleur joueur de l'histoire[2].» Assurément conscient de cet appétit qu'a la société du spectacle pour les combats narcissiques, Zidane s'en décale sans cesse, par l'art d'être *en même temps* un compétiteur et un créateur.

Le 16 juillet 2020, le Real Madrid réinventé par Zidane est sacré champion d'Espagne, réalisant l'exact objectif que Zidane avait fixé à cette saison. Comme toujours, la splendide plume de Vincent Duluc saisit, sous l'enjeu footballistique, la pointe de la création humaine. Le 17 juillet, il écrit (dans *L'Équipe*): «Ce titre de champion d'Espagne consacre la deuxième ère d'entraîneur de Zinedine Zidane, la plus importante peut-être [...]. Dans un métier où chaque nouveau titre écarte la thèse de la chance, et où la récurrence consacre une méthode, sa couronne de champion d'Espagne contredit l'idée d'un leader de temps calme, qui aurait choisi le coton et la facilité pour entrer dans le métier à la tête d'une équipe qui gagne.»

En effet, Zidane n'est pas seulement un compétiteur qui gagne, mais aussi un homme qui transforme les vents contraires en souffle créateur. Depuis toujours, et auprès de tous ceux avec lesquels il s'est trouvé en contact, Zidane a

---
1. *Le Soir*, 2 décembre 2016.
2. *L'Équipe*, 8 décembre 2017.

manifesté le désir, sincère et insatiable, de progresser. Progresser dans son jeu en se nourrissant de ses maîtres, de ses idoles, et de ses stupéfiantes connexions naturelles. Progresser dans son savoir sur le football, en reprenant humblement ses études pour devenir entraîneur. Et progresser aujourd'hui encore, même s'il fait déjà partie du cercle des plus grands : «Je me vois comme un meilleur entraîneur qu'à mes débuts. Je progresse. Pas seulement en tant qu'entraîneur mais en tant que personne. Nous apprenons des situations, j'écoute ceux qui m'entourent[1]»; «Je me pose beaucoup de questions [...] pour m'améliorer [...] pour mettre toujours la barre un peu plus haut[2].» Dans la grammaire intime de Zidane, «*j'apprends*» est aussi essentiel que «je désire», «je rêve» et «je gagne». En cela, il épouse l'impulsion fondamentale propre à toute société humaine comme aux forces de création universelles.

Que va devenir Zidane ?

Zinedine Zidane, qui a l'âge de n'être qu'à la moitié de sa vie, a déjà conquis de tels sommets que nous nous demandons comment il nourrira son corps et son âme, dimensionnés pour le vertige et épris d'infini. Dès 1998, après son sacre en Coupe du monde, il a senti passer sur lui l'ombre de

---
1. *RMC Sport*, 12 janvier 2020.
2. *France Football*, 9 janvier 2018.

cette question et la menace dépressive qu'elle charrie à bas bruit: «Ce jour d'automne 1998 à Turin, il faisait gris. Debout devant les baies vitrées de son salon, Zidane semble fixer les arbres de son jardin, raconte son biographe, Dan Franck. Après de longues minutes de silence, le joueur, sans se retourner, lui confie, la voix calme: "J'ai 26 ans et je possède tout: une femme, des enfants, de l'argent et une carrière exceptionnelle. Ma vie est terminée."[1]»

Depuis, Zidane apporte sans cesse à la flamme de son désir le puissant oxygène de nouveaux défis, servis par de nouvelles mutations: Zizou champion du monde est devenu Galactique en 2002, il est devenu «un homme avant tout» dans l'onde de choc de 2006, il est devenu «coach Zidane» en 2016, «sauveur de la Maison blanche» en 2020. Quelles aspirations futures se feront gardiennes de son feu intérieur? Quelles formes inédites son énergie d'expansion prendra-t-elle? Quelles transformations, héroïques peut-être, se produiront en lui? Et comment viendra-t-il nous surprendre encore, nous émouvoir, nous faire bouger dans notre amour pour lui?

Entraîneur mythique?

Concluant sa quatrième saison au plus haut niveau, triple vainqueur de la Ligue des champions,

---

1. B. Lahouri, *op. cit.*, p. 311.

double champion d'Espagne, Zinedine Zidane a déjà inscrit son nom au rang des plus grands coachs en exercice. Une carrière complète d'entraîneur pourrait l'élever à la dignité d'un mythe, à l'instar de ceux qui étincellent par leur palmarès mais surtout par l'apport ineffaçable d'*un style*: Johan Cruyff, Alex Ferguson, Arrigo Sacchi... «Le style, c'est l'homme[1]», a dit Lacan. À cet égard, l'homme exceptionnel qu'est Zidane, l'amour qui le brûle, l'exigence qui le pousse, la beauté qui l'habite, ont forcément des trésors à offrir.

Première objection: Zidane entraînait déjà l'un des plus grands clubs du monde – une maison qu'il connaît par cœur, située en ce Sud européen où sa femme et lui aiment résider. Étant exclu que Zidane régresse dans ses choix, il existe peu d'opportunités qui soient à sa mesure autant qu'à son goût. À la Juventus de Turin, il pourrait certainement se déployer et se sentir chez lui. Mais si, comme s'en dessine aujourd'hui la tendance, l'épicentre du football mondial se déplace vers le Nord, Zidane se résoudra-t-il à vivre en Angleterre ou en Allemagne[2]?

---
1. J. Lacan, *Écrits*, Le Seuil, 1966, p. 10.
2. Le 27 mai 2021, Zidane décide de quitter librement le Real de Madrid, dans la même logique qu'en mai 2018, et s'en explique dans une émouvante lettre ouverte aux socios, en laquelle il exprime, avec sa délicatesse et son authenticité coutumières, ses raisons comme ses émotions. Zidane déplore de ne pas recevoir du club la confiance, le soutien et la reconnaissance dont il a besoin, mais réaffirme sa propre gratitude envers le Real Madrid ainsi que son envie de continuer à entraîner.
Très vite, j'ai eu l'intuition que Zidane pourrait faire revivre cette passion d'entraîneur au PSG, et, à rebours de toutes les opinions exprimées

Deuxième objection, liée à la réalité du milieu : devenu marché planétaire aux enjeux financiers colossaux, le football consomme des hommes, joueurs et surtout entraîneurs, aussi vite que les places financières font tourner valeurs boursières et dirigeants d'entreprises. Zidane n'échappe pas à la règle, lui qui, malgré son aura inégalée auprès des socios (supporters-actionnaires du Real Madrid), a été publiquement déclaré éjectable à chaque passage à vide de son équipe. Une telle *position d'objet* ne sied aucunement à cet homme affectif, éminemment sensible, soucieux de son honneur et maître de son destin. À cet égard, son départ volontaire du Real Madrid en mai 2018 a

---

à l'époque par le milieu du football, je l'ai déclaré le 14 juin 2021 sur France Info (dans l'émission «Alors on pense!», du journaliste Patrice Romedenne, qui avait pour thème : «L'Euro, c'est plus que du foot»). Patrice Romedenne m'a demandé : «Avoir longuement écrit, de façon pertinente, sur Zidane vous fait dire que l'évidence, c'est que Zidane débarque à Paris. C'est ce que vous prédisez, ce que vous souhaitez, ce que vous pressentez?» Et j'ai répondu : «Je pense que c'est le moment pour le PSG et pour lui. C'est une question de rencontre, d'affinité entre les deux trajectoires. La direction du PSG sait ce qu'est une équipe de football, sait qu'il faut à la fois une cohérence dans la gouvernance et un grand entraîneur, stable, qui puisse fédérer le groupe. Pour cela, il n'y a pas mieux que Zidane. C'est un meneur d'hommes, c'est un leader, c'est quelqu'un dont l'aura est puissante, et qui peut faire contrepoids à d'éventuelles difficultés dans la gouvernance. Du côté de Zidane, dès lors qu'il a été entraîneur du Real Madrid et a déjà gagné autant de trophées, on ne peut qu'imaginer un club à sa mesure. Je ne pense pas qu'il retournera maintenant à la Juve, et je n'imagine pas Zidane vivre en Angleterre. Reste le PSG. Zidane est français, et se trouve à un moment où il est libre. Si j'étais les actionnaires qataris du PSG, je me dirais qu'un tel alignement des planètes ne se fera pas deux fois.»

donné le ton : Zidane ne se laissera utiliser ni jeter par personne.

Certes, le propos se trouve adouci par la perspective, hautement probable, de l'équipe de France. L'attachement de Zidane à la formation française comme à la France elle-même pourrait s'en trouver comblé. L'histoire des équipes nationales croisant toujours la grande Histoire, Zidane aurait une nouvelle occasion de poser sur elle une radieuse empreinte. Cependant, il semble difficile de considérer la direction de l'équipe de France comme une fin en soi pour Zidane : quels qu'en puissent être les moments de gloire, il s'agit toujours de la même tâche, celle d'un sélectionneur-motivateur plus que d'un entraîneur-créateur. Cette finitude, même rehaussée d'un idéal patriotique ardent, ne risquerait-elle pas à la longue d'étouffer Zidane?

Président de club?

Il est tout à fait pensable que Zidane, fils spirituel de Florentino Pérez (malgré les péripéties de leur relation), lui succède un jour à la présidence du Real Madrid. Peut-être l'hypothèse de cette succession a-t-elle déjà eu cours entre les deux hommes.

Les grands joueurs devenus présidents de grands clubs apparaissent plutôt rares dans l'histoire du football. Le plus notoire d'entre eux est Franz Beckenbauer, président du Bayern de Munich entre 1994 et 2009, et désormais président d'honneur (ainsi que membre du comité exécutif de la FIFA). Si tous les présidents de clubs se présentent comme des passionnés de football, ils viennent, pour la plupart, du monde de l'industrie (Florentino Pérez), des affaires et de la finance (Roman Abramovitch, Jean-Michel Aulas), de la communication et de l'image (Silvio Berlusconi, Michel Seydoux). Mais les temps changent, et les joueurs-stars disposent aujourd'hui de moyens comme de réseaux comparables à ceux de dirigeants d'entreprises multinationales – ainsi David Beckham, fondateur en 2018 de son propre club, l'Inter Miami CF. Dès lors, la condition selon laquelle tout candidat à la présidence du Real Madrid doit pouvoir garantir une partie du budget du club sur son patrimoine personnel ne constitue plus un obstacle à la candidature d'un grand joueur.

Zidane a la passion du football, la parfaite connaissance du Real Madrid et certainement les moyens financiers, intellectuels et humains d'en assurer la direction. De même, il pourrait facilement réunir les investisseurs capables de reprendre avec lui le flambeau d'un autre grand club. Pour autant, voudra-t-il exercer une fonction consacrée, certes au meilleur du football lui-même, mais aussi à d'incontournables enjeux de politique et de gestion? Le président du Real Madrid, élu tous les quatre ans par les socios, n'échappe pas aux stratégies, alliances et manœuvres qu'exige toute campagne électorale. Comment Zinedine Zidane, l'homme étranger au semblant, celui dont le discours est le lieu de vérités nues et de geysers d'âme, intégrerait-il ce type d'exercice ? Peut-être parviendrait-il, dans son sens du moment juste et de l'acte inattendu, à trouver une voie ; voie non de reniement, mais de mutation.

Dirigeant des institutions du football ?

Michel Platini, immense joueur auquel Zidane s'est souvent vu comparé, avait magistralement engagé son ascension au sein des instances dirigeantes du football. D'abord élu à trois mandats consécutifs à la tête de l'UEFA, il est parvenu, en 2015, au seuil de la nomination suprême : la présidence de la FIFA, institution surpuissante sans laquelle rien ne se fait dans le football mondial contemporain. Brutalement écarté par une sanction de la commission d'éthique qui le soupçonnait d'avoir reçu un paiement illicite de la part du président en titre Sepp Blatter, Michel Platini a été stoppé dans sa dynamique et, bien qu'innocenté en 2018, ne pourra probablement jamais aller au bout de la trajectoire initiée.

Ce que Platini n'a pu accomplir, Zidane le fera-t-il ? À supposer que le défi l'intéresse, l'objection est la même, et sans doute plus aiguë encore, que celle relative à la présidence du Real Madrid. Zidane pourrait-il échapper au calcul voire au cynisme ayant si souvent cours dans les plus hautes sphères du pouvoir ?

«Prince des cœurs»?

En référence à «la princesse des cœurs», comme avait été nommée Lady Diana, je soulève la question d'un engagement humanitaire et social à vaste échelle : au-delà des missions en lesquelles Zidane est déjà impliqué (l'Unicef, ELA, l'Urban football dans les quartiers de Marseille, le Zidane Five Club, nouvelle école de football déployée en septembre 2020) voudra-t-il un jour consacrer sa vie à porter des grandes causes à travers le monde?

En novembre 2006, lors d'un voyage au Bangladesh, Zidane s'est montré particulièrement sensible à la figure incarnée par Muhammad Yunus, créateur de la Grameen Bank[1] et lauréat du prix Nobel de la paix : «J'ai rencontré quelqu'un qui est tout simple, qui porte la sagesse sur son visage[2].» Ce voyage et cette rencontre ont été l'occasion, pour Zidane, d'une découverte intime : «l'envie que j'ai au fond de moi d'accomplir d'autres choses […] il y a de l'espoir[3]».

Peut-être Zidane songe-t-il aussi à ces maîtres de l'espoir qu'ont été certains personnages historiques, extraordinaires par leur génie et leur pouvoir de mutation : Mohammed Ali qui a porté la boxe au rang d'un art puis la cause des Noirs vers

---
1. «Banque des villages» : institution de microcrédit qui s'est essentiellement développée auprès des femmes du Bangladesh.
2. A. Delaporte et S. Meunier, *op. cit.*, les suppléments.
3. *Ibid.*

une véritable espérance; Nelson Mandela qui, à rebours des déterminismes vengeurs, a compris la force du pardon pour donner à ses compatriotes un avenir.

Assurément, Zidane possède en germe la fibre humaine, l'aura personnelle et même la dimension spirituelle propres aux figures d'amour universel et d'action engagée. Les images de son voyage en Algérie, la même année, témoignent du contact exceptionnel qu'il instaure avec les enfants; mélange de force enveloppante et de douceur extrême. Aussi l'évolution vers les grandes causes semble-t-elle une voie naturelle pour lui, mais, s'il choisit de l'approfondir, ce ne sera sans doute pas tout de suite. Comme Zidane le dit lui-même: «Je suis un compétiteur[1]», et l'adrénaline des défis, les flux du danger sont encore appelés à couler dans ses veines.

Dirigeant politique ?

L'accès de grands sportifs aux fonctions de ministre des Sports est déjà une route largement ouverte: Pelé au Brésil; Guy Drut, Jean-François Lamour, Chantal Jouanno, David Douillet... en France. Cette possibilité est bien sûr envisageable pour Zidane, mais je crois que, dans le secret de son être, il aspire trop aux positions d'exception pour s'inscrire dans une voie aussi classique.

---

1. F. Hermel, *op. cit.*, p. 83.

Le pouvoir de mutation de Zidane

Plus à sa mesure serait l'hypothèse de la présidence d'une Algérie contemporaine, ouverte sur le monde. Il existe deux cas notoires de personnalités sportives ayant fait acte de candidature à une élection présidentielle. Le Russe Garry Kasparov, prodigieux champion d'échecs (discipline désormais olympique) s'est présenté face à Dmitri Medvedev, en 2008. Il est vrai qu'il était engagé en politique depuis vingt ans. George Weah, footballeur international libérien (AS Monaco, PSG, OM, Chelsea, Manchester United), a obtenu le score, honorable mais insuffisant, de 40 % des suffrages à l'élection présidentielle du Liberia, en 2005.

Outre le long chemin requis pour une telle ambition, le choix clairement manifesté par Zidane de se tenir loin des arènes politiques rend l'idée peu vraisemblable. Au fond, c'est à chacun de nous et à travers toute son œuvre que Zidane dit, de sa belle voix aux accents intimistes : « Tu sais, je suis français. »

Homme d'affaires dans le monde du sport ?

À la suite des États-Unis, où il est courant que de grands joueurs, basketteurs notamment, possèdent leur franchise et développent leurs propres marques commerciales, le phénomène des sportifs-entrepreneurs gagne l'Europe. Ainsi Tony Parker, actionnaire majoritaire et président de l'Asvel Lyon-Villeurbanne depuis 2014, a récemment intégré le conseil d'administration d'OL Groupe. Son partenariat avec Jean-Michel Aulas lui permettra de donner à son club, recordman des titres de champion de France de basket-ball, une dimension internationale. Tony Parker est également entré au capital d'OL Reign, franchise de football féminin à Seattle. Quant à Kobe Bryant – icône des Lakers de Los Angeles, tragiquement disparu dans un accident d'hélicoptère en janvier 2020 –, il a été, dès l'arrêt de sa carrière, l'un des pionniers d'une nouvelle génération d'athlètes-investisseurs (boisson énergisante, marque de soins cosmétiques à destination des sportifs, société d'investissement, plateforme sportive en ligne, édition de jeux vidéo, production cinéma…).

Figure hautement attractive pour les marques commerciales et institutionnelles, Zidane a déjà développé des partenariats à large échelle (principalement avec Danone, via son président Franck Riboud). Son aura évolutive et son rapport visiblement équilibré au monde de l'argent le mettent en excellente position pour prospérer dans les affaires. En effet, Zidane semble entretenir une relation fluide avec la richesse, sachant à la fois veiller à ses intérêts, apprécier les possibilités offertes par sa réussite et témoigner d'une éthique personnelle à travers des gestes responsables autant qu'élégants. Par deux fois, en tant que joueur (en 2006) puis en tant qu'entraîneur (en 2018), Zidane a renoncé à des sommes importantes, dès lors qu'il considérait avoir choisi de rompre son contrat avec le Real Madrid. De même, il s'assure de la loyauté et du désintéressement de ses collaborateurs les plus proches en s'entourant d'un cercle de fidèles, famille de sang comme de cœur; et il pourrait fort bien appliquer ce fonctionnement clanique à une pleine activité d'entrepreneur.

Cette hypothèse est certainement plausible, mais pas à titre exclusif: même si les affaires présentent des défis enthousiasmants, la fréquentation durable de banquiers, actionnaires, partenaires, prescripteurs, grands comptes... me semble de nature à déprimer Zidane. Gagner sans transcendance serait insuffisant à relancer la dimension existentielle de son désir et à nourrir sa fibre de créateur. Zidane, je crois, rêve d'un grand destin plus encore que d'une grande réussite. Zidane rêve d'ajouter des étoiles à son nom.

Zidane là où on ne l'attend pas...

Toutes les voies que je viens d'envisager pour le devenir de Zidane sont plausibles et peuvent se matérialiser tôt ou tard, car il a déjà posé des jalons en chacune d'elles. Personne sans doute ne sait exactement ce à quoi il songe et, dans l'agilité physique et mentale qui le caractérise, il dispose de ces multiples terrains pour rebondir et progresser.

Se démarquant des voies rationnelles, l'ultime hypothèse que j'émets paraîtra insolite, mais elle me vient comme en écho des sphères les plus intimes de Zidane ; celles que, durant des mois, je me suis attachée à sonder, l'oreille collée à son discours et au murmure des signes. Je crois que Zidane ne rayonnera et ne s'accomplira jamais autant que *sur une scène*. L'arène du football, la piste des exploits... la scène du cinéma. *Zinedine Zidane acteur de cinéma ?*

Il y a sa beauté, si peu classique, mouvante, angélique et sauvage. Une beauté qui émerge et se sculpte au fil des années, dans le creuset de son âme où se mêlent ses lumières et ses ombres, où se dénude son visage, où s'épure son regard. La beauté de Zidane, déjà captée par dix-sept caméras expertes ayant cerné un stade[1], est naturellement cinématographique car elle anime à la fois son corps et ses traits, elle existe sans artifice, elle s'impose en tant que pure image d'avant le moindre mot.

Pour le cinéma, Zidane est un sublime plutonium émotionnel. La sensibilité et l'intensité de son monde intérieur ont trouvé à ce jour leur canal d'expression dans sa danse footballistique, dans la transe à laquelle il porte les foules, dans sa manière d'extraire de ses hommes le meilleur. Tout en livrant leur puissance, cette sensibilité et cette intensité sont demeurées voilées par les inhibitions instaurées dès l'enfance, par la pudeur de l'homme, par les nécessités du masque. Le cinéma, offrant le

---

1. D. Gordon et P. Parreno, *op. cit.*

masque protecteur d'une fiction, fait tomber tous les autres. Un Zidane libre pourrait y donner sa pleine mesure existentielle ; déploiement d'ailes pour lui-même et pure grâce pour nous.

L'idée semble peut-être incongrue au regard de la timidité légendaire de Zidane. L'expérience psychanalytique m'a constamment démontré ce que Freud avait magistralement saisi : l'angoisse est l'un des marqueurs du désir. Révèle-moi ce qui t'angoisse et je te révélerai ce que tu désires... J'ai la conviction que *Zidane désire nous dire autre chose*. Il désire *dire* tout court. Sa fulgurante progression dans le management des hommes et dans la maîtrise des médias, venue créer la surprise, en témoigne déjà. Quant à l'envie, plus inconsciente sans doute, de s'exprimer devant une caméra et sur le devant d'une scène, j'en perçois des signes chez Zidane.

Dans une séquence du documentaire *Le dernier match*, Zidane dialogue avec l'un des membres de son entourage à propos de la projection du film *Zidane, un portrait du XXIe siècle*, qui aura lieu à Cannes en mai 2006. Le discours touchant de Zidane, oscillant entre premier et second degré, suggère qu'il se sent divisé entre rêve et raison : il n'ira pas à la projection, programmée pendant la préparation de la Coupe du monde, parce qu'il ne veut pas que le public juge sa présence à Cannes inappropriée. Mais, dans un sourire d'autodérision qui voile son émotion, bien réelle, Zidane fait le parallèle entre l'apparition de Madonna, venue fouler le tapis rouge sous ses yeux fascinés d'adolescent, et l'occasion que le destin lui présente à lui, Zizou, de monter les marches à son tour : « Je vais monter les marches... Il faut le nœud pap... Tu crois que je vais monter les marches pour de vrai? Mais non, t'es fou... Il y a quinze ans en arrière, quand Madonna venait, j'étais derrière les barrières et je criais : "Madonna!" Non... Je vais y aller pour que tout le monde dise : "Allez, va taper dans le ballon, va!" Non... »

Ne serait-il pas magnifique qu'une nouvelle boucle du destin offre à Zinedine Zidane la montée mythique de ces marches, cette fois de plein droit, en plein accord avec lui-même?

Dans le monde intérieur de Zidane, celui qui recèle ses possibles, il me semble y avoir si peu d'écart entre l'énergie du jeu footballistique et celle du jeu d'acteur. Pour accompagner les plus belles images de la carrière de Zidane, celles du quart de finale de Coupe du monde face au Brésil en 2006, le réalisateur du *Dernier match* a choisi la splendide chanson de l'auteur-interprète Abd Al Malik, célébrant le joueur-artiste. Entendez à quel point ces mots iraient à un Zidane artiste tout court : comme un gant de lumière.

« Un pas de danse. Prendre appui sur le vide. Un pied dans la transe, lâcher puis retenir la bride. Faire vaciller tout l'univers d'un seul geste. Porter les espoirs d'un monde comme une simple veste.

Faire preuve de vigilance, veiller à ne surtout pas prendre conscience. Héros pour les siens, malgré soi, pour les autres ; exalter les foules qui nous portent ou nous foulent. L'arène, la scène, la piste, mais faites donc entrer l'artiste. Le rideau cache la peur et l'artifice. L'espoir se gâte à rester en coulisses. Crépitements de joie et huées d'amour. Se questionner sur soi et se perdre au détour. Faire preuve de vigilance, veiller à ne surtout pas prendre conscience. Héros pour les siens, malgré soi, pour les autres ; exalter ces foules qui nous portent ou nous foulent. L'arène, la scène, la piste, mais faites donc sourire l'artiste. »

… Et je suspends ce portrait sur l'une des merveilles de notre monde, que je souhaite rester avec nous « pour la vie » : le sourire de Zidane.

ÉPILOGUE

Assimilation

Que reste-t-il d'un livre quand nous l'avons – ou qu'il nous a – absorbé? Singularité de notre époque, les lecteurs en parlent, toujours à travers leurs traditionnelles lettres, mais aussi par la voie plus directe des réseaux sociaux. Et l'auteur peut leur répondre, les remercier en temps réel; sorte de danse en laquelle des mots émergent de part et d'autre et continuent à faire vivre le livre sur un mode participatif qui convient particulièrement à un sujet aussi universel que Zinedine Zidane.

Assimilation. C'est le terme qui me vient en synthèse de vos réactions et messages, chers lecteurs. À ce terme d'*assimilation*, presque sulfureux tant il est soumis à controverse dans le discours public, Zidane redonne un sens naturel, profond; un sens vécu.

L'une des dimensions de l'assimilation est la compréhension complète. Vous, lecteurs, avez assimilé *Dans la tête de Zidane* au sens où vous en avez pleinement compris la démarche: un traitement psychanalytique de la vérité. Vous vous êtes laissé emmener dans l'idée que, pour connaître Zidane, pour toucher aux vérités intimes de son être, pour accéder à son âme, il fallait à la fois reparcourir son histoire, et en sortir. Sortir du mythe public, de l'exercice des interviews et de tout discours officiel, y compris celui de Zidane lui-même, afin de saisir la structure des choses. Cette structure est celle du monde intérieur de Zidane : comment il s'est constitué, quelles figures l'habitent, quels champs de forces l'ordonnancent. « Ce livre est comme une cosmogonie de Zidane, objet céleste aussi brillant que mystérieux, et dont il faut rappeler qu'il a conquis la planète entière. » (Djibril K.) « Cette réalité de Zidane donnée par le livre est en fin de compte la plus fiable : celle de l'étrange devenu familier. » (Laura F.) « Le vrai terrain de jeu est en lui-même. » (Claudia G.) « Vous levez le voile sur cette énigme du coup de tête qui me taraudait, et vous rendez un grand service à Zizou qui n'aurait osé en parler comme vous le faites. » (Za D.) « Pour qui aime comprendre la mécanique des hommes. » (Jean-Luc B.) Et ce lecteur a raison : aimer et comprendre sont deux dimensions intrinsèquement liées. « Zidane a tout. Quel plus beau cadeau lui faire que de chercher à le comprendre, à travers l'acuité d'un regard d'expert et l'hommage d'une plume d'écrivain ? » (Pierre L.) « Désormais, il n'y aura plus de malentendu, comme le coup de tête, entre lui et son public. Le mystère Zizou est assimilé en nous. » (Idriss H.)

«Vous nous embarquez bien au-delà du thème du football, en sachant si bien fédérer tous les lecteurs et commentateurs.» (Véronique D.) Si ce livre fédère – et en effet, ni désordre ni disputes n'ont entaché son parcours – c'est parce qu'il reflète l'un des traits les plus marquants de Zidane : sa puissance de rassemblement. Puissance silencieuse, qui ne procède d'aucune idéologie. Force d'une évidence qui, sans jamais se proclamer, s'incarne.

En ces temps troublés où les débats de société virent au manichéisme voire à la violence, les thèmes liés à l'immigration sont devenus spécialement clivants. Dans ce cadre, l'*assimilation* est souvent opposée au respect de l'identité. Le concept se voit alors chargé de négativité que tentent d'atténuer ceux qui, dans un louable souci humaniste, lui préfèrent la notion d'*intégration*, comme le pape François par exemple : «L'intégration n'est pas une assimilation qui conduit à supprimer ou à oublier sa propre identité culturelle.» À l'inverse, c'est l'assimilation qui prend parfois valeur d'apaisement, notamment dans le discours des grandes institutions républicaines, comme l'école qui se veut lieu d'assimilation au-delà du culte des origines et de la guerre des mémoires.

Dans tous les cas, l'abord théorique paraît sans issue car il renvoie nécessairement à ce qui divise : religions différentes, comportements sociaux différents (alimentaires, vestimentaires, langagiers…), représentants politiques différents et, plus séparateurs encore, ces sentiments d'agression ou de ghettoïsation présents au cœur de chaque camp. De même viennent nous diviser toutes les peurs suscitées par l'évocation de deux risques extrêmes : d'un côté, pour les populations issues de la diversité, le risque de la dilution totale ; de l'autre, pour les autochtones, celui de la soumission à l'étranger dont le talent de Michel Houellebecq a fait un saisissant roman. Face à ces délicates questions, nous ne saurions instaurer ici ni jugement ni résolution, mais seulement montrer la force de transcendance que peut porter un seul homme dès lors qu'il emmène le sujet dans un tout autre plan : celui du pur vivant.

En biologie, l'*assimilation* est le processus par lequel les êtres organisés transforment en leur propre substance les composantes qu'ils absorbent. C'est le pouvoir de se nourrir de l'autre, de faire du soi avec du différent ; sans forcément que le soi demeure identique (l'hybridation est toujours possible dans l'évolution) et sans forcément que le différent disparaisse totalement (transformer n'est pas anéantir). En ligne avec ce grand mouvement de vie, Zidane assimile la France, et la France, en tous ses visages, assimile Zidane.

En décembre 2021 encore, Zinedine Zidane ressort parmi les personnalités préférées des Français : à la 17e place (classement Ifop-JDD), devant toute autre figure du football (y compris Mbappé), alors même qu'il a quitté le sol français et ses clubs depuis 1996 et que sa dernière apparition en équipe de France date de 2006. L'évidence est là : fruit de l'éducation reçue de ses parents et de son énergie propre, Zidane a incorporé toutes les valeurs populaires fondamentales (travail, courage, persévérance, humilité…) et les a fusionnées à son génie. Dès lors, Zidane fait l'objet d'une assimilation à toutes les échelles : personnelle, communautaire et universelle.

Au plan personnel, femmes et hommes, tous âges, origines et confessions confondus, s'approprient des composantes de Zidane : «Je me retrouve dans chaque point, qui me renvoie à chaque étape de mon histoire. C'est comme *À la recherche du temps perdu* de Marcel Proust : je voyage vers le passé, je dialogue avec une enfance qui m'a bercé.» (André A.) «J'ai beaucoup aimé la longue parenthèse sur le papa. À travers ce passage, on comprend davantage l'humilité et la discrétion de Zidane. Il est à la fois immense et à notre mesure.» (Stéphanie R.) «Ce livre nous fait passer par le monde de Zidane, notre héros bien-aimé, pour aborder nos grandes questions de vie : les origines, l'enfance, la famille, le couple, l'amour, la vocation…» (Sarah G.) «On dirait que vous voulez libérer Zizou sur le plan psychologique : tout ce qu'il a gardé dans son cœur pendant des années à cause du surmoi. En le libérant, vous nous libérez aussi.» (Samir) «Magnifique analyse des possibles dans ce livre ! Si un homme le fait, nous le pouvons aussi.»

(Aboubacar B.) « Vous humanisez notre idole. Il fait tellement partie de nos vies, des lumières comme des ombres. » (Nahal C.) C'est vrai : forts et fragiles en même temps, géniaux en puissance et souvent prisonniers, riches d'accomplissements et assoiffés d'amour, nous, êtres humains, avons tous en nous quelque chose de Zidane.

Au plan communautaire, Zidane fait harmonieusement coexister l'ardente identification des Algériens, la bouleversante fierté des Berbères et l'admiration des Français dits « de souche ». Invitée à porter *Dans la tête de Zidane* au contact de ses différents publics, j'ai été reçue avec la même amitié à l'ambassade d'Algérie, à Berbère TV, dans les milieux culturels juifs, dans les cercles du rugby toulousain, par les journalistes des médias les plus divers, auprès des dirigeants d'entreprise français... Et toujours, partout, la figure de Zidane est parfaitement assimilée. « Zidane voit sa légende entrer au rang des grandes biographies littéraires françaises. Votre livre restera. » (David E.) « Il fallait oser. Allonger Zinedine Zidane sur le divan. Livre étonnant, subversif qui fait descendre la psychanalyse dans l'arène du football. » (Jean-François R.) « Derrière l'enfant d'immigré devenu mythe, nous découvrons un héros romantique français. » (Anne P.) « En tant que sportif marathonien berbère, j'ai éprouvé beaucoup d'émotions en lisant l'épopée de Zidane. » (Saïd K.) « Merci pour ce texte poétique qui, très justement, dépeint Zidane comme un grand guerrier, dans la lignée de ses ancêtres kabyles. » (Ramdane B.) « Une femme franco-italienne, psychanalyste, s'est engagée à écrire sur une personnalité des plus énigmatiques et l'éclaire pour les siens. » (Toufik S.) « Merci d'avoir fait de la tête de Zidane une œuvre. Je suis un artiste kabyle. » (Tafrikant) « J'ai compris votre estime envers notre icône car vous nous expliquez pourquoi vous l'aimez. Moi, Zizou, c'est mon sang, et c'est la fierté de toute la Kabylie. » (Samir) « Grâce à votre livre, ses silences, personnels et politiques, ne seront plus jugés négativement. Vous montrez qu'ils sont le signe d'une intelligence supérieure qui, avant d'agir, analyse, ressent, et digère tout. » (Koudhir A.)

Ce terme de « digérer », spontanément venu sous la plume d'un lecteur, me rappelle ce lapsus de Zidane (décodé au chapitre 5); lapsus qu'il avait fait tandis qu'il était à nouveau interrogé, en 2017, sur l'inoubliable coup de tête ayant marqué la fin de sa carrière : « La sortie, elle est moyenne. Mais elle fait partie de ma carrière, elle fait partie de ma vie, elle fait partie des choses qui ne sont pas agréables mais qui sont… qu'il faut accepter, qu'il faut… *diriger*, qu'il faut *digérer*, pardon ! » Pour Zidane, *digérer*, *assimiler* donc, ce n'est pas oublier, faire disparaître ou détruire ; c'est faire sienne une expérience, même étrange, même hostile en apparence, pour la transformer en énergie plus haute, qu'il peut alors (re)*diriger* vers les nouveaux objets de son désir et les futures étapes de son destin. Si ce destin, comme il est hautement probable à ce jour, passe par le PSG, cette formidable énergie intégrative sera sans doute le plus grand trésor que sa présence puisse y porter pour que le club fasse enfin corps.

Ainsi personnifiée par Zidane, l'*assimilation* devient l'exacte antithèse de la soumission. À ce beau terme que craquellent les enjeux identitaires et douleurs civilisationnelles d'une société blessée, Zidane vient redonner une signification plus vitale, plus spirituelle même. Parce qu'il réalise une unité d'action. Loin de toute incursion idéologique ou politique, Zidane reste l'homme d'un seul terrain. Sans jamais limiter l'enrichissement et l'extension de son expérience, Zidane est et demeure l'incarnation du football. Qu'il joue lui-même ou fasse jouer les autres, il offre à la vie des êtres infiniment divers et perpétuellement solidaires que fédère la passion du ballon, une création continuelle. Cette création, je l'appelle finalement «la communauté Zidane». Une union d'amour.

Table des matières

Introduction 7

CHAPITRE 1
Au nom du père 13

CHAPITRE 2
Zidane et le féminin 53

CHAPITRE 3
Le mythe conjugal de Zidane 87

CHAPITRE 4
L'aura de Zidane 139

CHAPITRE 5
Le pouvoir de mutation de Zidane 173

ÉPILOGUE
Assimilation 223